# 新零售背景下消费者购买意愿影响因素研究

宋 磊 著

北京理工大学出版社
BEIJING INSTITUTE OF TECHNOLOGY PRESS

## 内 容 简 介

本书主要围绕新零售服务及现阶段国内消费群体特征，明确新零售对现有零售商务模式的冲击与改变，进而构建出新零售背景下消费者购买意愿影响因素的实证模型，从而把握电子商务变革动向，提升消费者的购物体验。

本书以多元线性回归模型为基础，选取新零售最大的特性——物流时效性和线下体验服务，作为模型的主要研究因素，网络口碑、感知风险、平台服务质量、政策影响等因素作为模型的控制变量，探讨新零售服务对消费者体验与购买意愿的调节作用。

**版权专有　侵权必究**

### 图书在版编目（CIP）数据

新零售背景下消费者购买意愿影响因素研究 / 宋磊著. --北京：北京理工大学出版社，2022.3
　　ISBN 978-7-5763-1174-7

Ⅰ. ①新… Ⅱ. ①宋… Ⅲ. ①消费者行为论-影响因素-研究 Ⅳ. ①F713.55

中国版本图书馆 CIP 数据核字（2022）第 047556 号

---

出版发行 / 北京理工大学出版社有限责任公司
社　　址 / 北京市海淀区中关村南大街 5 号
邮　　编 / 100081
电　　话 /（010）68914775（总编室）
　　　　　（010）82562903（教材售后服务热线）
　　　　　（010）68944723（其他图书服务热线）
网　　址 / http：//www.bitpress.com.cn
经　　销 / 全国各地新华书店
印　　刷 / 三河市华骏印务包装有限公司
开　　本 / 710 毫米×1000 毫米　1/16
印　　张 / 12.25
字　　数 / 213 千字
版　　次 / 2022 年 3 月第 1 版　2022 年 3 月第 1 次印刷
定　　价 / 89.00 元

责任编辑 / 多海鹏
文案编辑 / 杜　枝
责任校对 / 刘亚男
责任印制 / 李志强

图书出现印装质量问题，请拨打售后服务热线，本社负责调换

# 前言

2013年4月,国家发展改革委发布的《关于进一步促进电子商务健康快速发展有关工作的通知》(发改办高技〔2013〕894号)指出:加快支持电子商务发展环境建设,探索支持电子商务发展的新机制和新政策,推进商贸流通领域电子商务创新发展。目前我国电子商务发展总体上是平稳的,但随着社会消费水平和机制的创新,传统的电子商务模式已经难以满足消费者的需求,制约消费购物的深层次问题尚未得到根本解决,大力发展新型消费、顺应消费升级趋势已成为我国经济社会发展中一项重大而紧迫的任务。

2015年11月国务院出台的《关于积极发挥新消费引领作用加快培育形成新供给新动力的指导意见》提出了全面改善优化消费环境、创新并扩大有效供给、优化政策支撑体系等多方面的建议,要求促进线下产业发展平台和线上电子商务交易平台结合。

2020年12月召开的中央经济工作会议指出,要紧紧扭住供给侧结构性改革这条主线,注重需求侧管理,打通堵点,补齐短板,贯通生产、分配、流通、消费各环节,形成需求牵引供给、供给创造需求的更高水平动态平衡,提升国民经济体系整体效能。贯通生产、分配、流通、消费各环节,必须坚持扩大内需这个战略基点,大力发展新型消费,使新型消费成为扩大消费需求的重要力量,增强消费对经济发展的基础性作用,为构建新发展格局提供有力支撑。

当前,我国消费需求越来越呈现出提质、转型、分化、创新等新趋势与新特征,新的消费业态不断涌现并发展壮大,既催生了新的经济增长点,也便利了人们的生活。如春节期间,无接触交易、网购年货、"云端过节"等消费方式就成为新潮流。

消费业态变化背后有强大的基础支撑,如"2021全国网上年货节",看似简单的网上购物,背后却涉及从消费品生产到物流配送、从疫情防控到消费品行业与互联网等新一代信息技术融合创新等多个环节链条。而我国在这些环节和链条上正不断积累发展优势。但与此同时,也应当看到,我国消费市场发展还存在一些短板,释放消费潜力仍面临一些体制机制约束,特别是新消费增长潜力释放尚不充分,有效供给和中高端供给仍然滞后,基础设施、服务能力还存在一些薄弱环节。

为此,应把加快培育新消费、促进消费创新同深化供给侧结构性改革有机结合,着力促进新的供给和产业体系加快形成,不仅要促进消费产业结构转型升级、完善消费基础设施,促进各类新技术、新产品、新服务、新业态、新模式发展,还要加快提高供给质量,促进商品和服务供给从中低端迈向中高端。

与此同时,如何创新消费业态、激发消费发展潜力问题也逐渐进入学术界研究视域,不少学者从不同角度进行了一些有益的探索和研究,得出了一些有价值的结论。但相对而言,国内关于新零售理论及其影响因素的研究成果较少,相关理论和实证研究尚处于起步阶段。特别是对于新零售背景下消费者购买意愿及其影响因素缺乏系统的考量,影响因素之间效应关系和作用形成机理的研究尚未见报道。针对这些问题,本书在理论分析和文献梳理的基础上构建新零售背景下消费者购买意愿的影响因素理论模型,利用回归方程模型对消费意愿影响因素之间及其与新零售模式之间的效应关系进行实证检验。

本书采用文献研究法、计量线性回归、政策分析法、模糊评判综合法,以新零售概念、消费者体验理论、体验营销理论等理论基础,应用理论分析方法对新零售的概念进行界定,对新零售与传统电子商务、传统线下消费概念进行辨析。

本书认为,对新零售背景下及其影响因素的考察,要以系统分析思想为指导,并提出系统的解决对策。本书在理论分析及文献梳理的基础上,初步设计了新零售背景下消费者购买意愿影响因素的研究变量、控制变量、虚拟变量,构建新零售背景下消费者购买意愿影响因素的理论模型。

学术界对新零售背景下的购买意愿影响因素的相关研究尚处于起步阶段,本研究也属于此领域的一次粗浅探索和研究,不足之处,请各位专家、学者批评指正。

宋 磊

2021 年 11 月

# 目 录

## 第一章 绪 论 (1)
### 第一节 网络购物 (3)
一、新零售背景下企业面临的挑战 (4)
二、新零售模式的产生 (5)
### 第二节 消费者购买意愿 (6)
一、消费者购买意愿概述 (6)
二、消费者购买决策的过程 (7)
三、消费者购买意愿维度 (8)
四、消费者购买意愿的影响因素 (9)
五、购买意愿与购买行为之间的关系 (10)
### 第三节 消费者体验 (11)
一、经验与体验 (12)
二、客户体验 (12)
### 第四节 体验营销 (13)
一、体验营销的含义 (13)
二、体验营销的优势 (13)

## 第二章 新零售 (15)
### 第一节 新零售概述 (17)
一、新零售的定义 (17)
二、新零售的内涵 (18)
三、新零售的产生 (20)
四、新零售的特征 (21)
五、新零售对经济社会产生的影响 (21)

第二节　新零售背景下的消费者购买意愿 ……………………… (22)
　　　一、电子商务的发展 ………………………………………… (23)
　　　二、新零售背景下消费者购买意愿的影响因素 …………… (24)
　　　三、社会化电子商务的消费者信任 ………………………… (25)
　　　四、疫情防控背景下的网络消费意愿 ……………………… (31)
　　　五、新零售背景下提高消费者购买意愿的方法 …………… (38)

第三章　新零售背景下的网络购买行为 ……………………………… (39)
　　第一节　新零售背景下网络购买现状分析 …………………… (41)
　　　一、零售的现状 ……………………………………………… (41)
　　　二、网络消费现状 …………………………………………… (44)
　　　三、消费者网络购买特征 …………………………………… (47)
　　　四、网络消费的特点 ………………………………………… (48)
　　　五、网络消费存在的问题 …………………………………… (49)
　　第二节　新零售背景下的网络购买动机 ……………………… (50)
　　　一、网络消费者的需求动机 ………………………………… (50)
　　　二、网络消费者的心理动机 ………………………………… (52)
　　　三、网络消费需求 …………………………………………… (53)
　　第三节　新零售背景下网络购买存在的问题 ………………… (56)
　　　一、网络消费整体性问题 …………………………………… (56)
　　　二、网络购物中存在的问题 ………………………………… (57)
　　　三、我国网络零售业存在的问题 …………………………… (59)

第四章　消费者网络购买意愿的影响因素 …………………………… (61)
　　第一节　经济因素 ……………………………………………… (63)
　　　一、经济因素概述 …………………………………………… (63)
　　　二、影响消费的经济因素 …………………………………… (64)
　　第二节　社会因素 ……………………………………………… (65)
　　　一、市场营销 ………………………………………………… (65)
　　　二、外界环境 ………………………………………………… (66)
　　　三、社会文化 ………………………………………………… (67)
　　　四、社会关联团体 …………………………………………… (67)
　　　五、消费方式 ………………………………………………… (68)
　　　六、其他社会因素 …………………………………………… (69)
　　第三节　制度因素 ……………………………………………… (71)

一、网络购物平台的法律责任 …………………………………… (71)
　　二、退货政策 ……………………………………………………… (72)
第四节　消费者自身因素 ……………………………………………… (72)
　　一、消费者自身因素的组成 ……………………………………… (72)
　　二、新零售背景下消费者的购买决策过程 ……………………… (73)

## 第五章　消费者购买意愿数据获取及数据分析 …………………… (75)

第一节　消费者购买意愿的影响因素 ………………………………… (77)
　　一、物流服务质量 ………………………………………………… (77)
　　二、场景体验服务 ………………………………………………… (77)
　　三、网络口碑 ……………………………………………………… (78)
　　四、网络感知风险 ………………………………………………… (78)
　　五、平台服务质量 ………………………………………………… (79)
　　六、政策因素 ……………………………………………………… (80)
第二节　消费者购买意愿数据的有效性分析 ………………………… (80)
　　一、样本特征分析 ………………………………………………… (80)
　　二、描述性统计分析 ……………………………………………… (81)
　　三、信度分析 ……………………………………………………… (83)
　　四、效度分析 ……………………………………………………… (84)

## 第六章　基于多元线性回归模型的消费者购买意愿影响关系分析 … (91)

第一节　消费者购买意愿模型的构建 ………………………………… (93)
第二节　消费者购买意愿模型检验 …………………………………… (94)
　　一、消费者购买意愿模型的平稳性 ……………………………… (94)
　　二、消费者购买意愿模型的回归结果 …………………………… (95)
　　三、消费者购买意愿模型的多重共线性 ………………………… (97)
第三节　回归后的消费者购买意愿模型 ……………………………… (100)
　　一、显著性检验 …………………………………………………… (100)
　　二、多重共线性检验 ……………………………………………… (100)
　　三、异方差检验 …………………………………………………… (101)
　　四、自相关检验 …………………………………………………… (101)
第四节　消费者购买意愿模型回归结果分析 ………………………… (102)
　　一、物流服务质量 ………………………………………………… (102)
　　二、场景体验服务 ………………………………………………… (102)
　　三、网络口碑 ……………………………………………………… (103)

四、网络感知风险……………………………………………………（103）
　　五、政策因素………………………………………………………（103）

## 第七章　消费者购买意愿的影响因素 ……………………………（105）

### 第一节　物流服务质量 ……………………………………………（107）
### 第二节　场景体验服务 ……………………………………………（109）
　　一、情境营销的特点………………………………………………（110）
　　二、情境化体验渗透产品和服务…………………………………（111）
　　三、预知消费情境提升客户体验…………………………………（111）
### 第三节　网络口碑 …………………………………………………（112）
　　一、口碑营销………………………………………………………（112）
　　二、商家应对页面评论的建议……………………………………（112）
　　三、在线网站应对负面评论的建议………………………………（113）
### 第四节　感知风险 …………………………………………………（113）
### 第五节　平台服务质量 ……………………………………………（114）
### 第六节　政策因素 …………………………………………………（118）
　　一、中国政府对网上购物的政策…………………………………（118）
　　二、加强监督管理，营造良好的市场环境………………………（118）
　　三、建立网络维权相关机制………………………………………（120）
　　四、网上购物评估机制……………………………………………（120）
　　五、进一步完善"三包"机制……………………………………（121）

## 第八章　提升新零售背景下消费者网络购买意愿的方法 ………（123）

### 第一节　了解网络消费模式，持续做好新零售 …………………（125）
　　一、提高物流时效性………………………………………………（125）
　　二、优化线下体验环节……………………………………………（128）
　　三、优化线上与线下整合模式——以生鲜电子商务为例………（130）
### 第二节　熟悉消费者的购买心理，获得消费者认同 ……………（130）
　　一、注重打造企业正向口碑………………………………………（130）
　　二、提高平台的安全性……………………………………………（134）
　　三、提升员工的服务水平…………………………………………（136）
### 第三节　把握国家政策制度，乘东风促发展 ……………………（140）
　　一、网络平台管理者应采取的措施………………………………（141）
　　二、退货政策………………………………………………………（143）
　　三、给予农村网购适当的补贴……………………………………（144）

## 第九章　研究局限与后续研究展望 ……………………（145）
### 第一节　希望能够解决的问题 ……………………………（147）
### 第二节　存在的不足 ………………………………………（148）
### 第三节　更多研究 …………………………………………（148）
### 第四节　展　望 ……………………………………………（150）

## 附录1　名词解释 ……………………………………………（151）

## 附录2　参加及完成与本书有关的科研课题 ………………（173）

## 参考文献 ………………………………………………………（176）

## 致　谢 …………………………………………………………（186）

# 第一章

# 绪 论

# 第一章 绪 论

## 第一节 网络购物

中国互联网络信息中心（China Internet Network Information Center，CNNIC）于2020年4月28日发布了第45次《中国互联网络发展状况统计报告》（以下简称《报告》）。《报告》显示，截至2020年3月，我国网民规模达9.04亿人，仅2019年一年，新增网民7 508万人；互联网普及率为64.5%，较2018年同期提升4.9个百分点。2020年，因为新冠肺炎疫情的影响，网络应用迎来了一个小高潮，用户规模增长幅度明显。其中，在线教育、政务、网络视频、网络医疗、网络购物、网络支付、搜索引擎、网络游戏、休闲App等应用的用户规模与2019年相比，增长幅度均超过10%，增幅明显。网络购物用户规模的持续增长，进一步活跃了消费市场，促进消费市场的新动能。相关数据显示，截至2020年3月，我国网络购物用户规模超过7亿人，线上消费的参与率超过六成；2019年线上交易的营业额超过10万亿元，同比增长16.5%。跨境电子商务的发展不断拓展外贸市场的空间，据统计，2019年通过海关的跨境电子商务平台进出口总额近2 000亿元，同比增长近40%。

在网民增长速度逐步放缓的背景下，网络购物依然呈现迅猛的增长势头，其主要原因在于网络平台服务与消费者需求的高度契合。与此同时，商业模式不断创新进一步促进了互联网产业的发展和线上消费的提升，两者相辅相成，以消费者新需求为导向，平稳推进线上消费的发展。

与传统购物相比，网络购物具有以下优点。

（1）网络购物打破了购物时间和空间的限制，消费者能够买到许多其他地区线下实体店同样的商品；

（2）网络购物的便捷性大大节省了消费者的时间；

（3）网络购物降低了商家的销售成本（如实体店租金、装修等成本）；

（4）同等质量的商品在使用网络进行消费时价格会更加优惠；

（5）线上消费使得消费者的选择权大大提高了，消费者拥有了线下消费所不具备的海量选择，点击不同的网店就能寻找各式各样的商品，既节省了光顾每家线下实体店的精力和时间，又能够在海量资源中进行有效对比，货比三家，买到更加心仪的商品。

在这些优势的正向影响下，互联网使用率和网购率也越来越高，网络购物方式也越来越多。

但线上消费依托于网络信息技术，作为一种新型购物方式，在凸显各种优势的同时，也存在着许多比传统购物方式更加严重的风险。

网络购物存在信息不对称的弊端，买卖双方掌握的产品质量、价格等信息不一致，卖方往往将有利于自己的信息展示给买方，隐瞒甚至伪造对买方不利的信息，消费者难以获得好的购物体验，对网络商家的信任度大打折扣，网络购买行为的次数也相应地减少。网络购物的不确定性、信息不对称和买卖双方的信任度问题以及由此产生的交易成本的提高，共同制约了线上消费的发展，成为网络购物快速、平稳地发展的阻碍。因此在消费者进行线上消费时，如何让信息更加对称、如何进一步压低交易成本、如何处理买卖双方的信任危机，成为目前线上消费市场急需解决的重点问题。

当前，全球互联网正在迈向泛在普及、深度融合、变革创新、引领转型的全面发展新阶段。互联网的发展态势势不可挡，带来的影响也很明显。我国经济结构因为互联网的出现，发生了巨大变革，国民经济进一步快速发展，人们的日常生活方式也受到了影响，并不断适应着网络时代，其中购物方式的改变最为明显。

对比近几年的数据，线上消费和电子商务的发展速度惊人，其中社交媒体的兴起和使用居功至伟。社交平台的广泛使用加强了消费者之间的互动，消费者通过评论获取了之前购买此类商品的消费者评价，缓解了消费者与网络商家之间的信息不对称问题。

得益于互联网时代的技术保障，社交商务自问世以来，始终呈现着井喷式的发展态势。5G时代的到来促进了网络购物的进一步发展。随着商业模式的创新和大数据时代的到来，经济社会活动形成了一个包含各种消费者信息的巨大资源库，社交商务融合了传统电子商务和纯粹的社交媒体，通过针对性强的推荐，投其所好，引导消费者参与社交电子商务的构建和价值信息的传递，通过网络口碑重塑电子商务模式，改变电子商务单一化的消费方式。从这一角度来看，在实体经济和网络虚拟经济的融合并进中，社交商务发挥了巨大的作用，进一步推动了经济社会的持续发展。

## 一、新零售背景下企业面临的挑战

随着新零售模式的兴起及互联网行业流量红利的消退，新时代消费者审美观和价值观的多元化、个性化需求的日益增长等现实因素给传统零售企业和传统电子商务企业带来了巨大的冲击。电子商务用户的增长大幅降低甚至呈现了负增长,这说明传统电子商务红利已经消退。社交电子商务依托社交商务而存在,社交商务固有的一些缺陷,社交电子商务也无法避免。

在社交电子商务中,消费者的主要行为包括实质性的消费行为、消费前的互动讨论行为、消费后在社交平台的评论与分享行为,以及平台或商户的商业信息分享行为等。这一固有模式导致消费者在进行网络消费过程中的期望需求受到限制,打击了消费者进行网络购物的积极性。社交商务活动最主要的价值在于增加了消费者体验,消费者在社交平台的互动、讨论、发表评论等行为大大提升了其体验感,增加了其在网络平台进行消费的频率。近两年新零售之风愈演愈烈,传统零售、电子商务零售、社交电子商务均受到了一定程度的打压。

目前,全球进入第四次工业革命时代,其最大的特点在于"连接",新零售将线上与线下连接,将需求端与服务端连接,打破了线上与线下的隔阂,使得线下购物和网络购物有机融合,提升了消费者的购物体验和消费满意度,进而刺激消费者的购买意愿。

新零售的融合充分运用了人工智能、大数据推送、新型物流等多种手段,对传统的购物模式和电子商务购物进行迭代升级,打造与消费者深入接触的理想业态,线上消费与线下体验各取其长,提升消费者的购物体验,进而刺激消费者的购买意愿。

## 二、新零售模式的产生

新零售是近两年刚刚兴起的新概念,虽然受到了社会群体和大量商家的广泛关注,但学术界缺少对新零售的研究分析,且已有研究的理论广度和深度存在不足。新零售的提出和发展离不开信息科技、网络平台及高质量的服务等多领域的共同推进。目前新零售领域的从业人员还处于尝试阶段,对新零售的概念与发展影响因素等还没有正确、清晰的认知。

1. 新零售背景下的营销模式

在新经济时代,消费购物的影响因素越来越多。在新零售背景下,线上和线下、虚拟与实体的边界日益模糊;与此同时,现有的零售模式受到制约,新零售成为必然趋势。在此背景下,如何让新零售模式更高效地运转、让消费者更快地融入成为许多商家面临的问题。在网络时代,广告的引导效应不容忽视,线上推荐和线下导流相配合的营销模式能够更好地帮助商家取得成功。

2. 构建新零售模式下消费者购买意愿影响模型

模型既包括消费者线下传统实体行业的购买意愿或者单纯的线上电子商务购买意愿模型，也包括深度融合了大数据、线上消费、线下体验、物流的新零售模式下的消费者购买意愿模型。

随着时代的进步，我国消费者的消费风格和购物习惯进一步改变。从经济学角度来看，消费者不是完全的理性人，其购买意愿受到多种因素的影响。中国是人口大国，如此大的人口基数也导致了从众心理的人容易跟风甚至营造一种消费趋势，当消费趋势发展到一定程度后，固有的经济模式和消费体制难以适应，新的消费模式必然应运而生，新零售的出现也就成了一种必然。

## 第二节 消费者购买意愿

### 一、消费者购买意愿概述

"意愿"一词最早起源于西方心理学，主要反映了主体行为者想要进行某种行为的意向或者产生某种行为的概率。近几年，随着经济学者对消费者行为的研究进一步深入，意愿逐渐被引用为消费者购买意愿并引入消费者行为理论模型之中，且具有举足轻重的作用。

1. 消费者购买意愿的定义

消费者在行为过程中会先对满意的商品产生购买冲动，此时购买动机出现，进而会根据已有的知识和信息制订简要的行为计划，最后按照计划实施购买行为。

消费者购买意愿是消费者主观上想要获得某种服务或者取得某种商品的愿望强烈程度，在这个过程中，消费者对产品或服务的品牌认知价值会对意愿程度产生影响。消费者购买意愿就是消费者的行为意向和真正能够产生购买行为的概率。

2. 行为意愿与态度理论

消费者购买意愿属于消费者的一种态度和决策。在社会心理学上，行为意愿是态度理论中的重要概念，购买意愿则是行为意愿的一种。态度理论具有三个基本要素，分别是意动要素、主体认知和情感。意动要素是消费者进行行为动作的意愿；主体认知是个体储备的知识量以及由此对某一事物做出的符合自身感知的判断；情感是个体对于事物的感觉和喜恶态度。

真正决定主体行为的是行为意愿，态度理论的三要素只是小部分因素，对消费者的消费行为进行判断主要依托于消费者的行为意愿。

消费者行为意愿强调消费意愿直接指向消费者进行购买行为的可能性和发生购买行为的概率，外部环境会通过影响消费者的认知和心理态度来影响消费者的购买意愿，最终影响购买行为。

消费者购买意愿是消费者在主观心理上对特定商品或服务的购买意向程度。

## 二、消费者购买决策的过程

购买决策是消费者对某一产品或服务进行全面慎重的评判后进行选择、购买能够满足自己需要的产品的行为过程，主要包括个人需求的形成和确定、购买冲动的产生、动机形成、购买计划的选择和实施、消费后评价等。

消费者购买决策过程要经过需求判定阶段、需求信息收集阶段、购买方案形成阶段、购买决策确定阶段、购后行为阶段，如图1-1所示。

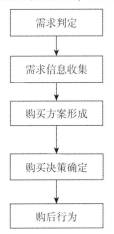

图1-1 消费者购买决策过程

（1）需求判定阶段。消费者根据目的需要产生需求，并依据需求确定相应的特定产品或服务。

（2）需求信息收集阶段。消费者通过各种渠道获取目标商品或服务的质量、体验等多种信息，为决策提供依据。

（3）购买方案形成阶段。消费者根据收集到的信息，判断产品或服务的属性、带来的效益，以及对性价比等进行综合考虑，形成符合消费者心理的几种购买方案。

（4）购买决策确定阶段。消费者根据不同的购买方案确认每种方案的购买态度和偏好。

（5）购后行为阶段。消费者通过对获取商品或服务的过程以及使用后的满意度进行评价，对消费效益进行价值评估。

### 三、消费者购买意愿维度

在消费模型中，购买意愿往往直接作为因变量和测度项，但也有部分研究将其细分为几个具体的测度项作为自变量因素存在于结构模型中。

不同的消费者，其实际需要和认知的不同会对同一产品产生不同的价值判断，形成不同程度的购买意愿。

依据购买意愿的强烈程度可以将消费者购买意愿分为三个维度，即强烈确定需要购买、基本想要进行购买、考虑是否需要购买。当消费者愿意将购买过的商品或服务通过社交平台推荐给他人或者愿意对某一产品或服务进行重复购买时，说明其对该产品或服务的购买意愿较为强烈。

基于购买意愿的理论基础和方法研究，即识别购买意愿的形成和强度，研究购买意愿的相关模型，对消费者购买意愿三个维度的研究主要有以下几个观点：

1. 基于消费者态度的购买意愿研究

态度是指对刺激的认可或不认可的程度。心理学认为，一个人对某事的态度会影响他或她的行动意愿。Kim 和 Littrell 采用著名的 Fishbein 模型测量了游客的态度，这是迄今为止被众多学者公认适合测量态度的模型，其研究表明，游客对目的地文化的积极态度极大地影响了他们购买纪念品的意愿，即强烈的购买意愿。周应恒等从食品安全的角度研究了消费者的购买意向，认为消费者对食品安全的态度影响他们对食品的接受程度，进而影响购买意愿。当购买食品存在安全隐患时，就会考虑是否需要购买，而当食品不存在安全顾虑时，消费者就会因需求而想要进行购买。也就是说，态度在消费者形成购买意愿时起着先入为主的作用，态度上的赞同易于产生积极的购买意愿。

2. 基于感知价值最大的购买意愿研究

感知价值被定义为消费者在权衡感知利益与获得产品的成本后对产品或服务的效用的总体评价。感知价值与购买意愿呈正相关。消费者在做出购买决定时，会选择感知价值最大的方案。Dodds 和 William 在研究中提到，消费者是否愿意购买取决于他从想购买的产品中得到的东西与他为该产品支付的价格之间的相对关系。他们建立了关于感知价值的模型，把消费者的感知利得、感知价值和产品的价格纳入一个模型，认为购买意愿和感知价值正相关，也就是说，当消费者对某产品感知到带来的利得远大于为了得到该产品所需付出的代价时，消费者就会强烈确定需要购买。吴亮锦、糜仲春进行了珠宝的知觉价值与购买意愿的经济学分析，认为顾客的感知价值直接影响其购买意愿，价值是感知收益和感知牺牲之间的取舍；感知收益和感知牺牲之间的差异是消费者获得的净价值，即消费者剩余。当消费者剩余为正时，就会因为能够得到这部分净价值而想要进行购买；当消费者剩余为 0 时，消费者感知收益与牺牲处于平衡，其会考虑是否需要购买。

3. 基于感知风险最小的购买意愿研究

如果说追求价值最大化是正向购买决策原则，那么追求感知风险最小化就是逆向决策原则。以鲍尔为代表的学者认为，消费者在购买时会选择感知风险最小的方案。感知风险的概念最初是由哈佛大学的鲍尔从心理学延伸出来的。1960 年，鲍尔将"感知风险"这一概念引入营销学，他将感知风险定义为：由消费者的行为产生的、而他自己不能明确预计的后果。感知风险有两个维度：不确定性和不利的后果。不确定性是指对产品本身的性能等属性不明确；不利的后果是指购买或没有购买产品而带来的时间、货币、心理等损失。当消费者感知到因购买产品而会产生不利的后果较小时，会选择在能够承担风险的情况下确定购买需要；当消费者感知到因购买产品可能会产生不利的后果时，就会因为一半的概率而想要进行购买；当消费者感知到因购买产品而会产生不利的后果较大时，就会为了避开风险而考虑是否需要购买。以手机市场为例，高海霞系统研究了感知风险和降低风险措施对消费者购买意愿的影响。她认为感知风险与购买意愿呈负相关，即感知风险越大，购买意愿越低；但是有效合理地采取减少感知风险的措施可以提高消费者的购买意愿。综上所述，可以看出消费者的购买意愿与感知风险呈负相关。当感知风险降低到消费者可接受的水平或完全消失时，消费者决定购买。

由以上研究可以看出，通过引入心理学元素（如感知、权衡、风险）和经济学元素（如收益、成本、效用），从感知价值的角度，学者们将消费者而非企业置于交易的决定性地位，从消费者的角度考察企业为消费者设计、创造和提供的价值，强调了以消费者为导向的重要性，并指出感知价值的各个方面及其影响因素。目前，从感知价值的角度来研究购买意愿的强度是比较成熟的。

**四、消费者购买意愿的影响因素**

消费者购买意愿的形成取决于消费者的态度、评价及支付方式、消费环境等因素。消费者行为意愿是一种连接方式，主要将消费者主体和将要发生的消费者行为连接起来。消费者购买某个商品或服务的概率可以通过购买意愿来测度，购买意愿越强烈，最终发生购买决策行为的可能性就越大。

（1）消费者感知风险和信任度对消费者购买意愿的影响：在网络社交环境下，信息不对称会导致消费者购买意愿的降低。

（2）消费者性别和消费行为对消费者购买意愿的影响：不同性别的消费者在同样的消费环境下会产生异质化的消费心理，从而有不同的消费购买决策行为，即心理差异对消费者购买意愿有着一定程度的影响。

（3）品牌信任度、商家可信度和消费者购买意愿：网络负面口碑会影响消费者购买意愿和消费决策行为，口碑效应与消费者购买意愿具有正相关性。

## 五、购买意愿与购买行为之间的关系

购买意愿比购买行为更早出现，购买意愿会引导消费者产生相应的购买行为，即如果消费者有强烈的购买意愿，那么他们就有可能产生实际的消费行为，购买自己喜欢的商品或服务。特定对象的意愿和行为具有统一性。

由于消费者行为难以定量测量，而且鉴于消费者购买意愿与消费者行为之间的高度一致性，学者们通常将消费者购买意愿作为模型中的一个测量项目，然后将其扩展到测量消费者行为。

影响我国消费者购买意愿的主要因素有消费者的心理活动、消费者个人因素、产品特性、消费情境。

### （一）消费者的心理活动

消费者会根据自己的已有经验、喜恶偏好和外部环境，通过收集相关信息，制订评估方案，做出购买意向。

无论消费者是否购买，都是经过信息的收集和处理后产生的。如今，网络世界中有着无数的网络意见领袖，他们的网络人际传播影响力也越来越大。网络意见领袖推荐的产品信息逐渐成为消费者获取相关信息的重要来源，影响消费者的感知、态度和消费准备。

1. 消费者购买意愿与购买过程

如前所述，消费者购买意愿是指消费者在决定购买某一特定商品或服务之前，对产品或服务的态度和意愿的积极程度。消费者购买产品或服务的过程分为五个部分：感知自身需求、寻找产品信息知识、比较和评价各种产品性价比、做出产品购买决策和购买产品后的行为。

（1）消费者在做出购买决策之前，首先会感知到自己的需求，即他们需要什么样的产品和服务，以及通过购买这些产品和服务能否满足自己所需要的生活或心理需求。

（2）消费者将对他们决定购买的产品和服务有更多的了解和观察并进行信息识别，如产品或者服务的功能、品牌、来源及各种参数。

（3）消费者将同类型的产品或服务在不同品牌、不同供应商、不同价格及不同平台服务体验等区别中进行比较评价，通过比较和评估做出选择。

（4）消费者最终购买满足自己需要的商品或服务，同时享受产品或服务的购物体验。

2. 消费者的购买欲望

购买欲望是消费者购买产品或决定服务的概率。消费者的购买欲望是心理活动的主观倾向，是消费者在消费之前或消费过程中对产品或服务所带来的价值和风险的信任和肯定。

（二）消费者个人因素

消费者个人因素是影响我国消费者购买意愿的主要因素之一。

一般来说，影响消费者购买意愿的个人因素主要有年龄、性别、民族、生活环境、学历、收入、性格等。高学历、高收入人群比低学历、低收入人群的认同度和接受度更高，即高学历、高收入人群对互联网的接受程度较高，进行网络购买的意愿较强。

（三）产品特性

过去，由于信息不对称，消费者只能通过产品或服务的外观，以及少量对产品或服务的周边评价获得相关信息。消费者能够理解的产品或服务信息只是极其有限的一小部分，无法进一步识别和调查。

随着信息技术的发展，消费者可以了解相关的产品规格、产品说明、产品相关部件及装配、产品形象等信息，从而方便了解公司的产品性能、产品发布、服务内容、价格信息，并与商家及曾经购买过产品或服务的人进行联系，以减少在购买这些产品或服务时可能发生的事故和风险。

（四）消费情境

在购买活动中，个体所接触的短期环境因素是消费情境因素，包括沟通情境、购买情境和使用情境，如员工服务、产品广告、店面清洁、购买氛围、与导购接触的愉悦度等，这些都会对消费者的购买意向产生不同程度的影响，进而影响消费者的购买决策。

## 第三节 消费者体验

消费者体验主要来源于西方企业的体验营销实践，是 21 世纪初营销领域的新概念。随着体验经济的发展，用户的角色已经从被动的接受者转变为主动的发送者甚至创造者。目前，中国已经进入了体验经济时代，企业实施消费体验是营销环境变化的必然选择。

## 一、经验与体验

经验是在内心产生的，不同的人有不同的感觉。经验实际上可以理解为心理活动。企业探索顾客的个性化需求，采取一些方法和行动来满足顾客的特殊需求，通过这一点给消费者带来良好的体验。

体验可以理解为购物过程中的刺激，这种刺激是直接参与消费过程的服务和产品的反馈。好的企业应该在购物过程中满足消费者，创造舒适快乐的消费过程和场景。好的体验会使消费者产生强烈的购买欲望，品牌忠诚度也会得到提升，企业会从每个消费者身上挖掘出最大的价值，优于竞争对手。体验营销是企业在经营过程中获得新客户和留住老客户的重要手段。

## 二、客户体验

要创造难忘的客户体验，必须深入挖掘客户体验需求，制定和实施营销策略，激发感性和内心情感，使消费者在使用产品、接受服务的过程中获得实实在在的收益，体验参与的乐趣和独特的消费体验，Pine 和 Giilmore 在参与者参与的两个维度（客人参与、两个层次的被动参与和主动参与）及参与（联系、两个层次的吸收和没入）中定义了四个经验域。与传统营销相比，体验营销注重顾客体验，以感性顾客为前提，引领市场设计体验，更加注重个性。

1. 客户体验的作用

可以使顾客体验产品，引导顾客在购买决策前进行尝试和测试，了解和体验产品，在实际体验中增加体验强度。体验不仅是娱乐，还能给消费者留下深刻印象。体验在消费者精神的主观层面，营销体验以消费者的感受为营销对象，向消费者传达情感、认知、环境和快乐是营销的核心。在网络世界，企业结合信息技术，充分发挥网络的优势，控制运营成本，提高服务质量，快速适应市场变化。

2. 社交媒体时代的客户体验

社交媒体时代更加强调线上线下、虚拟与真实的融合，整合多种媒体，为消费者创造独特的品牌体验，让消费者真正融入商品的消费过程，量化消费者的反馈，实现更高的内容和互动性，获得更准确的传播效果。在社会化媒体营销过程中，以数字化的形式渗透到人们的生活中进行互动，可以提高其广度和参与度。通过数字化技术制造体验，社交媒体平台推广体验，虚拟环境和真实体验来强化体验，提高消费者的实际体验。文化创意产业利用社交媒体整合线上线下渠道，创造独特体验。以体验营销理论为基础，将网络体验营销与文化创意产业相结合的学者很多。

经验可以为新技术和专利找到出路。企业追求利益最大化，通过知识积累创造差异化优势，有的企业追求新技术的开发和专利的获取。体验与互补经济的概念能够解释知识经济现象，不仅要强调新技术和专利固然重要，还要拓展消费者对产品和服务的体验和形象，包括购买体验、使用体验和售后服务体验，所以要给消费者留下良好的印象，进而决定消费者的消费行为。

移动互联时代中国互联网信息中心的用户体验研究从 Web 用户体验向移动设备用户体验转变，优化了用户的感觉、认知、行为和情感体验。

## 第四节　体验营销

### 一、体验营销的含义

体验营销强调氛围性、情感性、文化创造性和参与性。体验经济以实践为基础，属于 IT 业、营销业和旅游业的实践体验商品在体验经济理论提出之前，就已经存在了。体验是一种个性化的过程，消费者的体验、知识水平与结构、心理状态和身体状况不同，对体验消费的需求和期望也不同。"创意"或"创造"在体验经济中显得尤为重要。新的、独特的、个性化的、有针对性的体验商品是体验经济的竞争优势。

体验经济运用功能、情感、思维、行动等来策划相关的体验活动，强调为消费者创造全方位的情感体验。情感使体验更加个性化，思考强化对体验的认知，行动是对经验的投资。

线上线下物流的结合是未来零售的发展趋势，即一种新的零售模式。目前，国内外电子商务平台正在积极探索和测试新的零售模式。在国外的代表是亚马逊，在中国的代表是阿里巴巴和京东。

新零售业态是以消费者体验为中心的数据驱动的泛零售业态。在新的零售业态下，企业在营销上更加注重消费者体验，消费者的偏好反过来又鼓励企业重新进行产品的设计、生产和配送，从而促进线上线下企业的融合和物流业的发展。基于物联网等技术，实现全渠道数据的集成与交换，获得更准确的需求组合。此外，新零售市场拓展了零售边界和消费场景，无人超市和各种直播成为体验营销的场所和新方式。零售业的新时代有助于重建人、物、市场的关系，增加体验营销的机会。

### 二、体验营销的优势

20 世纪 70 年代，美国科学家首次提出体验营销，并于 21 世纪初引入中国。

消费者通常分为理性消费者和感性消费者。在体验营销中，消费者被定义为两者的结合。影响消费者购买意愿的因素既包括产品本身，也包括消费者的体验感和满意度。体验营销以消费者为中心，从意义、情感、思维、行为、关联性等角度设计营销方法，为消费者体验产品和服务创造条件，带给消费者愉悦的体验，通过情感使消费者的信任增加，从而有效地激发消费者的购买意愿和购买行为，增加企业总销售额和利润，因此体验营销具有传统营销无法比拟的优势。

1. 体验营销能更好地满足消费者的个性化需求

在实施体验营销之前，企业通常会深入分析企业的内部和外部情况，结合大数据了解目标客户的需求和偏好，设计与产品属性、知名度和销售状况相关的体验营销活动。作为体验营销的一部分，企业会关注消费者的体验，并根据消费者的反馈进行相应的调整。

营销体验以消费者的体验和意见为导向，能更好地满足个性化、多样化的消费需求。

2. 体验营销可以提高消费者对产品的感知

与传统的口头描述和僵化的手工营销相比，消费者可以通过体验营销来体验产品，进而从感性和理性的角度对产品形成相关的理解，更好地了解产品的性能和特点。此外，体验营销拓展了老客户了解和感受产品的渠道，从而形成对产品的新认识。对于新客户来说，体验和感受是产生购买意向的重要催化剂。通过体验营销，他们可以深入了解产品和自己的消费需求。

3. 体验营销更容易缩小消费者与商家之间的差距

体验市场最重要的特征是消费者在消费的同时影响产品的生产和设计。企业根据消费者的反馈对产品进行优化、设计、制造和销售，将在消费者、产品和企业之间产生情感共鸣，缩短消费者与企业的距离，为企业和消费者创造更多的价值。

消费者购买意愿是消费者对购买行为的反映。它是指一种在心理层面上消费产品或服务的可能性，一般受消费者个人特征、文化程度、消费状况等诸多因素的影响，不同性别、年龄、文化程度、收入水平的消费者对产品或服务的理解和需求不同。传统的营销模式无法有效应对不同消费者的购买意愿。通过体验营销，消费者可以直观地体验产品，直接了解产品的性能和功效，通过专业的品牌服务提高产品的知名度，改变消费者对企业和品牌的态度，激发消费者强烈的购买意愿，进而产生购买行为。

# 第二章

## 新零售

# 第二章 新零售

在 2016 年 10 月 13 日杭州云栖大会上,马云首次提出了"五新":新零售、新制造、新金融、新技术、新能源,并在大会上明确强调,只有将现有物流与线上线下相结合,才能打造新的零售业。这是第一个关于新零售的理论。

马云认为未来的电子商务平台将消失,线上线下和物流的结合将产生新的零售业态;阿里研究院认为新零售是:以消费者体验为中心的数据驱动的泛零售状态。

## 第一节 新零售概述

### 一、新零售的定义

学者们对新零售的定义如下:

(1) 新零售包括并超越泛渠道和无边界,它植根于先进互联网的概念和技术的应用,植根于传统零售方式的改进和创新,植根于最终概念和理念,作为向最终消费者销售商品和服务的指南。

(2) 结合阿里商业和媒体广告趋势,将京东、苏宁、国美等企业定义为新零售,即依托互联网,通过大数据更新商品生产、流通和销售流程,运用人工智能等先进技术改造企业结构和生态系统,完善网上服务,是线下体验与现代物流深度融合的新型零售模式。其核心是推动线上线下融合的进程,关键是使线上互联网力量与线下实体店终端形成真正的合力,在商业层面完成电子交易平台与实体零售店的优化和现代化,推动从价格消费时代向价值消费时代的全面转型。

(3) 新零售是对零售本质的回归,是数据时代和消费更新时代的综合零售业态,通过全方位、泛零售渠道,满足消费者的购物、娱乐和社交需求。狄荣和焦跃(2019)比较了传统零售和新零售,认为传统零售业的特点是思维保守,不想越界,以利润为导向,信息技术的单一场景和纯工具属性,单一渠道+传统物流,固定时间和地点。

(4) 新零售业具有全新的颠覆性商业思维:以人为本,顾客至上;场景的多样性;在线、数字化、智能化;信息技术是核心;全渠道合作,无时间、无地点、无模式。

本书认为新零售是：企业依托互联网，以消费者为主体，通过大数据等先进技术手段，将在线服务、线下体验和现代物流深度融合的新型零售模式。

新零售的"新"是为了适应时代的变化。它使整个零售市场在新技术、新思维的冲击下发生变化，从而形成一个新的零售市场，但这个市场并不局限于阿里巴巴公司。新零售是由大量的线上线下数据组成，包括物流和信息流。线上的优势在于它可以传播品牌，刺激消费者的需求，并将用户行为数据化。网络品牌需要通过线下门店为客户创造更好的线下购物体验，并为消费者提供连锁店管理系统，使网络品牌公司能够快速建立线下门店的布局。线下的优势是让客户体验到更好的通信服务。线上线下的结合已经构建了一个新的零售时代。中国互联网时代带来的历史流量红利正在潜移默化地改变着企业的商业模式。

曾经专心致志地集中在线下的企业需要开设在线渠道去经营，当然曾经只关注线上的企业需要开始创建线下的渠道去发展。新零售的出现，使在线和离线的零售商相互合作，实现互利共赢。小米、苏宁等企业实现线下和网络的融合，将多个平台关联起来，跨平台合作成为目前"新零售"模式的特点。以苏宁为例，客户可以在苏宁官方网站或其他大平台的苏宁旗舰店购买，这样可以根据客户的配送地点选择配送的实体店，实现就近服务。其实，无论从哪个点进行配送，产品是一样的。消费者还可以选择在线购买、线下配送或者线下购买、线上发货等。这种合作不仅是原有的 O2O 模式，还突破了以往的束缚，展示了各企业在线下的多方面合作，构成了更完善的多通道产品和物流的新配送网，大大简化了零售过程，减少了库存成本。以这样的模式进行零售，企业的成本会进一步降低，消费者购物也变得更加方便。

## 二、新零售的内涵

目前新零售还没有形成一个统一的概念，但大部分的研究主要是从新零售的三个特点出发。

### （一）新零售是多种消费渠道融合的产物

新零售的产生，基于线上线下与物流的深度融合。马云（2016）最早提出新零售的概念，他认为新零售是一种泛零售形态，它的最大特点在于将线上渠道和线下平台进行结合，并推动两者良性发展，这种形态的最大特点是以大数据的支撑驱动和消费者体验为核心。

1. 新零售是一种综合零售业态

新零售业态以互联网、大数据为依托，以全渠道和泛零售的形态更好地满足消费者需求，通过互联网和大数据对不同消费群体的需求进行筛选，有针对性地提供零售服务。新零售模式是推翻传统零售业高库存、低选择性、资金链庞大的一种新型的零库存压力的生产销售模式。

2. 新零售是为了满足人们随时随地的需求

新零售将网络、线下实体和物流速递三者有机结合在一起，使三者物尽其用，消费者在消费过程中能够获得支付、服务、体验等多方面的便利。

3. 新零售依托于互联网技术

以互联网为媒介是新零售最明显也是最重要的特点之一，其经营理念是"店商+电商"，也就是线上实现宣传和销售，线下实现货物配送收取。

4. 新零售是一种泛零售的形式

新零售的核心是更好地服务消费者，是通过互联网技术带给消费者全新的购物体验的消费模式。

5. 新零售的核心是提升消费者体验

新零售的重点在于抓住把握用户的思想，已经超脱出传统零售方式改造的范畴。

6. 新零售是大数据驱动下的货场重构

新零售的最终目的在于给卖方带来巨大的理论收益，给买方带来优质的商品和优良的购物体验，其主要实现方式是通过线上的运营和支付以及线下的物流环节，实现零售过程的闭环。

（二）新零售是一种新型的购物方式，但其本质还是零售

新零售没有脱离零售范畴，而是将传统的零售行业进行改造和升级，其关键在于提升零售效率，其手段主要是基础设施的提升和零售要素的重构。

（1）新零售能够提供更周到的服务、更优质的产品、更有竞争力的价格。

（2）新零售运用大数据和互联网重构现代商业要素（客户、货物、场地），形成新型的零售业态。

（3）新零售并没有改变零售行业用户体验、效率、成本等因素成分的本质，改变的只是零售行业价值获取和价值创造的方式。

（4）新零售是利用网络全方位地获取数据，通过将线上渠道与线下渠道有机结合，提高购物过程中的消费体验，以此促进零售效率提升的销售方式。

（5）新零售应用互联网技术和互联网思维，对传统零售方式进行创新和改进。

（三）"新零售"是价值链的整合与重构

新零售以零售渠道的重新构建为起点，随着时代的进步和大数据、人工智能

等新技术的出现，逐渐演变成对供应链进行整合升级，最终目的在于提升零售效率，促进经济发展。

（1）新零售将对上游的生产环节进行冲击，零售渠道的变革只是最浅层的体现。

（2）新零售依托大数据、人工智能等现代技术，其核心是满足消费者需求，最终目的是对行业模式进行重塑。

（3）新零售是企业以互联网为依托，以现代技术为手段，对商品的产销进行全过程改造升级，深度融合线上、线下和物流，重新塑造一种零售新模式的业态结构。

### 三、新零售的产生

零售业态的出现都有其特定背景和原因，新零售的产生原因大致可以归纳为三类。

1. 技术革新

新零售产生的原动力和根本原因在于技术的革新。云计算、互联网、人工智能、大数据、移动终端等新商业基础设施的出现解决了传统零售模式和传统电子商务的固有缺陷，更好地促进了线上线下零售业的融合，从而使线上消费和线下购物的边界线进一步模糊，催生了新零售这一新兴业态。

以大数据为典型代表的信息技术的升级和创新是新零售模式产生的重要根源。

2. 消费发展需求

消费需求和消费观念的转变，消费主体、方式、意向、结构的变化共同推动了消费升级，从而促进了新零售变革的产生。

3. 行业环境变化

新零售的产生受到了行业困境和发展需求的驱动，具体表现在以下两方面：一方面，行业困境加剧，传统电子商务用户增长放缓，甚至出现负增长，流量不足，红利减少，发展瓶颈明显，用户体验感缺失，发展前景不容乐观；另一方面，实体零售行业基础成本高、流通效率低、零售基础设施不够健全，竞争优势缺失，很多实体零售业难以为继。

从行业发展需求上看，当传统零售行业和传统电子商务遭遇危机，为了寻找新的发展机会，增加销售额的增长动力，零售行业和传统电子商务都积极进行了创新，销售渠道进一步拓展，线上线下进一步融合，从而推动了新零售的产生，促进了新零售业态的发展。

技术革新、消费发展需求和行业环境变化对新零售业态产生的推动作用经历了从技术升级到消费方式的改变再到零售业态的变革的过程，新零售出现的根本原因和动力是技术的创新。

网络社交技术的进步使得消费者的群体化特征和个体化需求进一步扩大，消费需求导向由大众化向社交化、个性化发展，为了迎合市场和广大消费者的需求，传统零售行业在产品质量、服务、销售及物流渠道、管理经营模式等方面进行了创新，从而推动了零售行业的变革。与此同时，零售变革对消费者的消费行为产生了新的影响，进一步提高了新技术的发展要求，形成了一个周而复始的良性循环，进而催生了新零售这一业态。

### 四、新零售的特征

互联网作为新零售的数据依托，通过数据渠道来提升消费者的体验感，从而实现传统零售模式向新模式的转变。

新零售实际上是零售渠道和零售方式的改变，其特征在于物品控制权和现金流权不相匹配，重点在于整合资源，加强产业链的发展，未来的发展趋势也应该侧重提升用户体验和扩宽销售渠道。

新零售是多种因素相互作用的结果，其特征在于将技术和支付方式、大数据等进行整合，共同创造价值，是电子支付、线上线下、物流等高度融合的产物。

随着5G时代的到来，新零售将迎来新的发展，依托于大数据，线上消费平台能够在不同的时间地点给消费者推荐合适的产品，使其享受到高质量的体验服务，这也是新零售的一个发展趋势。

### 五、新零售对经济社会产生的影响

营销渠道是一系列以让顾客顺利享受到高质量产品和服务为目的的组织，这些组织是相互依存、不可分割的（菲利普科特勒，2016）。零售商作为营销渠道的终端，是产业链中至关重要的一环，消费者资源大多掌握在零售商手中，随着近几年消费渠道权力的下放和消费者地位的不断提高，零售商在整个产业链中的作用越来越重要，其发展变化必然会对上游的渠道成员乃至整个渠道系统带来影响。

#### （一）新零售对营销渠道成员产生的影响

新零售这一新型业态对制造商、中间商、服务商及零售商的影响。

1. 制造商

新零售的产生更加注重个性化生产，对制造商的生产模式、企业管理理念、设计创新提出了新的要求。

2. 中间商

中间商的经销商职能虽然出现了一定的弱化，但并不会消失。在新零售业态下，经销商除了传统的服务零售终端外，更要向消费者群体进行延伸，重新构建服务体系，更好地为消费者服务。

3. 服务商

现有研究更多的是研究其对物流环节产生的影响，在新零售背景下，消费者的需求进一步升级，新型物流将升级为现代生产服务体系，通过技术升级更好地为消费者提供服务。

4. 零售商

新零售的出现对传统零售商的环境设计、商业模式、营销策略、客户群体、定价策略等都产生了一定影响。

（二）新零售对营销渠道模式的影响

新零售背景下制造商的渠道选择及营销渠道发生变革，制造商渠道的演化路径如下：先是小零售渠道逐步崛起，然后零售业态逐步成型，线上线下融合进一步加快。在新零售背景下，零售业态的变化正影响着渠道模式的变化，如梦祥银自主创建开发了"易订货"平台、青岛啤酒进驻零售通开启零售模式、可口可乐联手新通路，等等。

## 第二节 新零售背景下的消费者购买意愿

新型零售商业模式的兴起，逐步颠覆了传统零售商业模式和单一的电子商务模式，为零售业的发展注入了新的生机和活力，新零售强调"四化"，即一体化、数字化、智能化、人性化。"千禧一代"消费者不仅是与新零售发展关系最密切的群体，也是新零售环境下消费的中坚力量。

如果想了解零售业的情况，现在不需要与零售商合作，只需要与客户合作。每个客户在不同的时间，从不同渠道购买不同品牌的商品，有着不同的需求和体验。许多产品现在都有RFID电子标签，消费者可以将产品放在检测器上实时获取同类产品信息，如颜色、价格及库存信息，这也意味着货架可以自动计量库存，这为零售商提供了前所未有的大数据分析能力，为分析进店客人的偏好提供了依据。

新零售是一场以技术驱动为主的变革，软硬件技术对于今天的零售业非常重要，包括仓储机器人、跟踪系统、推荐算法、用大数据进行营销和零售的分析等。

新零售掀起了一场令人兴奋的变革，一系列基础设施和技术创新呈现出爆发式增长，而中国的很多创新正在引领着全球新零售。

## 一、电子商务的发展

在互联网时代背景下，电子商务平台的出现改变了传统商品的销售渠道及零售商与消费者的沟通方式，商品的流通速度加快，交易规模扩大，供应效率提高。CNNIC 在 2019 年 2 月 28 日发布的第 43 次《中国互联网络发展状况统计报告》（以下简称《报告》）的统计数据显示，网民规模和互联网普及率逐年上升，如图 2-1 所示。

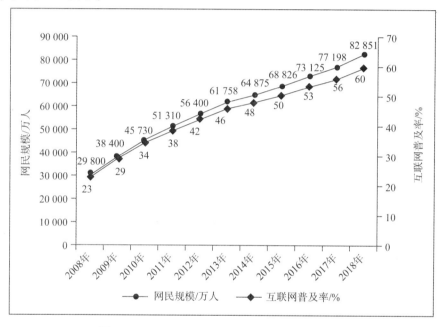

图 2-1　2008—2018 年网民规模和互联网普及率

截至 2018 年 12 月，中国互联网普及率为 60%，全国互联网使用人数高达 8.29 亿人，其中使用手机上网的网民规模为 8.17 亿人；网络购物用户高达 6.10 亿人，同比增长 14%，其中手机网络购物用户为 5.92 亿人，年增长率为 17%，同时网络视频的用户规模达到 6.12 亿人。网络社交成为现代社交中不可缺少的部分。

庞大的互联网用户群体为电子商务的发展带来了蓬勃生机，在此机遇下，社会化电子商务快速发展。在进入更加注重用户交互作用的 Web 2.0 时代后，大量社会化电子商务网站纷纷进入人们的生活，国外有 Twitter、FaceBook 和 MySpace，国内的微信公众号、微博、抖音、大众点评等知名电子商务平台深受国民的追捧与喜爱。《报告》指出，社交平台以用户为核心，注重用户之间的互动、分享、传播，实现了传统媒体内容与社交渠道的深度融合。

随着网络用户向移动端、社交媒体迁移，在微信、微博等社交应用的推动下，"电子商务+社交"的模式逐渐走出了一条可发展道路。

电子商务平台的出现依托于互联网科技的兴起和发展，同时促进了销售模式的发展。电子商务零售快速发展的动力来自庞大的网络用户基数、快速增长的网络消费需求及互联网技术的突飞猛进。电子商务尤其是电子零售的出现是数字经济发展的产物，改变了传统的转售模式，能够帮助零售商减轻存货压力并且节约交易时间，是互联网时代消费者广泛使用的消费模式。

随着移动互联网技术的快速发展，社交电子商务覆盖了社交网络的多个领域，当传统电子商务平台的红利消失的时候，商家和消费者更加趋于接受社交电子商务模式。

## 二、新零售背景下消费者购买意愿的影响因素

### 1. 信息支持和情感支持的影响因素

（1）社会商务的互动性和黏性对信息支持和情感支持等消费者体验有正向影响，并在信息支持和情感支持的中介作用下间接影响消费者的购买意愿。

（2）个性化对信息支持有正向影响，但对情感支持没有显著影响。同时，个性化在信息支持的中介作用下间接影响消费者的购买意愿。

（3）新零售服务在情感支持与消费者购买意愿之间起正向调节作用，而在信息支持与消费者购买意愿之间不起正向调节作用。

以上影响如图2-2所示。

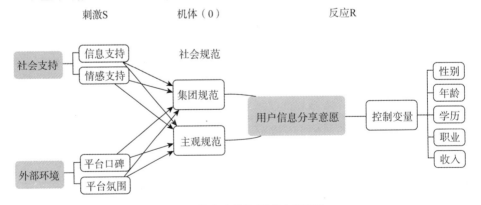

图2-2 信息支持和情感支持影响

2. 新零售场景下影响消费者购买决策的因素

在新零售模式下口碑因素对购买决策有直接的正向影响作用，服务质量通过情境认知显著正向影响购买决策，购物模式通过情境认知对购买决策有显著的正向影响，智能体验对购买决策有显著的负向影响，如图 2-3 所示。

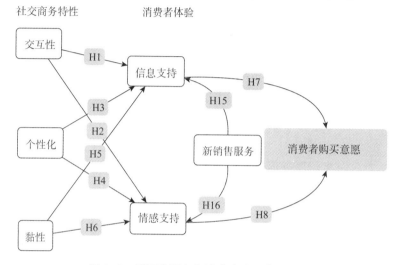

图 2-3 新零售服务和消费者购买意愿因素

### 三、社会化电子商务的消费者信任

国内社会化电子商务中的消费者信任是由能力、善意、沟通与诚实等维度构成的多维构念，并非单维构念。

（一）社会化电子商务相关理论

社会化电子商务是由传统电子商务衍生而来的新型购物模式，带有许多电子商务特色，主要借助微信、微博等社交平台进行消息的传播和产品的推广。电子商务利用互联网信息传递的便捷性，通过用户的在线分享、社交互动、用户口碑等方式对线上商品体验感的缺失进行补偿，实现营销产品的目的。

自 2005 年社会化电子商务提出以来，各类型的社交电子商务平台层出不穷，社交媒体与电子商务的结合极大地提升了电子商务的社交性和交互性，给用户提供了更多的参与感。

（二）信任相关理论

信任的产生依托于客观可信的依据：假如一个人的语言描述不存在矛盾，被认定为可信，同时他的行为也符合其所说言语，那么这个人便是可被信任的。在社会群体不断分化的过程中，信任逐渐演变成为个体对其社交范围内其他个体或组织行为预期的一种信念，获取信任的方式是通过一种适当的、道德的、能够被大众接受的社会方式来完成一件事情，同时还要符合预期人员的预期，否则将不被信任。也就是说信任是相信其他人不管在什么时候、什么环境下都会满足自己的需要并且关注、保护自己的利益，是个体对他人的期望的积极体现。信任还可以体现为某个人或某个组织在预期另一方会做出满足自己利益行为的时候，哪怕最后的结果是自己承受了伤害而且在这个行为过程中不存在任何的督察和其他了解过程，也依旧愿意相信对方已经尽力保全自己的利益并且愿意主动承受被伤害的行为。

综上所述，信任亦可被称为感知信任。信任的基础是人们的感知，主要体现为信任方对被信任方无条件地相信。

### （三）社会化电子商务信任的影响因素

#### 1. 生活环境和背景

人们对社会化电子商务的信任会受到社交群体的信任度的影响，一个地区的文化背景会对社交群体之间的信任产生影响，相对于拉美地区来说，东南亚地区的文化背景更容易让社交群体之间相互信任。在东南亚市场，电子化商务更容易成功，消费者对于商家的信任受到其人际交往关系的影响。

#### 2. 电子商务平台对商品的包装和描述

社会化电子商务如果能通过兴趣进行分类，缩短消费者搜索商品的时间，花费的精力较少，在一定程度上会提高消费者对商家的信任度。消费者对于社会化电子商务平台的信任情况受到消费者对平台的感知有用性和平台产品感知易用性的正向影响，而这两个性质与平台呈现商品的形式息息相关。

#### 3. 社会化电子商务的信任度所受影响因素不是单一的

网站、商家、消费者及相关产品这四大因素会对社会化电子商务的信任产生影响。交易安全、商家规模、口碑、商家信誉、信息质量、通信方便这六个因素在不同程度上均影响着社会化电子商务的信任度。

在社交商务网络中，消费者对于社会化电子商务平台的信任程度受到消费者在整个群体结构中的地位及商家和消费者之间的互动情况、交流频度等因素的影响。

从社会化电子商务平台的第三方合作、品牌知名度、技术、购物流程是否烦琐还有售后服务是否完备五个方面考虑，银行支付安全有保障、货品配送系统便捷、网络服务系统稳定、退货商品质量有保障等因素对电子商务信任的影响尤为显著。

电子商务平台上的商品价格、商户的经营成本、商家额外收益与支出、消费者潜意识的感知价值、消费者实际支付费用和额外损失等多种因素共同影响人们对社会化电子商务的信任。

**（四）社会化电子商务潜在信任关系的影响因素**

用户熟悉度、用户喜好值、专业能力、品牌口碑等对信任关系影响较大。

1. 用户熟悉度

用户熟悉度是指在社交电子商务中，熟悉用户提供的信息比陌生用户提供的信息影响更大。消费者的熟悉程度影响消费者对电子商务平台的信任。一般来说，两个人越熟悉，他们的社交圈重叠越多，相互交流的信息就越多，互动的频率就越高，就越能建立起互信关系。

2. 用户喜好值

用户喜好值指用户对社交平台依赖度、平台商品的需求等方面是否满足用户喜好。具有共同需求或相同喜好的用户容易形成一个兴趣群体，具有相似爱好、兴趣、价值观念的用户会更容易接受对方的建议，同意对方的观念，也更容易信任对方。在社会化电子商务中，相同喜好对人际关系有一定程度的影响，即大部分用户一般情况下与自己有共同喜好或需求的人存在一定的信任程度，更愿意相信和自己有共同点或相似特征的人。用户的喜好程度相似，会对相同的产品感兴趣；而用户的偏好喜恶更多的是从用户对商品的评论中体现，用户对商品的评分虽然在一定程度上也反映了其偏好，但不如评论直白、具体，如果一些用户对同一款商品的评分、评论相似，则可以认定这部分消费群体具有相似的偏好喜恶。因此，在度量用户喜好值时，需要同时考虑用户关注的项目（商品）的相似度和用户对商品评论的评分相似度。

3. 专业能力

专业能力是信息推荐者在提供信息时，接受者所感知的推荐者提供正确信息的能力。这里的专业能力不是指推荐者本身具有的专业知识和技能的客观能力，也不是推荐者真正实力和综合能力的体现，而是信息接收人通过一些历史评价和第三方意见形成的对推荐者的综合性的主观判断。在一般情况下，信息接收者认为推荐者的专业能力越强，越容易受其影响，从而产生更多的消费决策。

4. 品牌口碑

品牌口碑分为正向口碑影响和负面口碑影响，正向口碑对电子商务产品营销具有促进作用。负面口碑比正向口碑影响大，两者之间可以相互转换。网友口碑的可信度相对较高，并且其交互性及传播性强大。社交网络里的口碑比传统商业模式下的口碑具有更大的影响力，社交网络中的口碑影响摆脱了一对一的沟通方式，其口碑效应被放大。传播内容不再局限于口头的言语交流，更多的是图文并茂、影音图像的形式，而以影响主体来说，社交网络的口碑影响不仅能在亲戚、朋友等熟悉关系中进行，还能在陌生的网络用户中进行，这就使得社会化电子商务平台不得不更加重视品牌打造，以维护形象。

### （五）社会化电子商务潜在信任模型分析

模糊综合评价法是一种基于模糊数学理论的数据判断与分析的方法，主要用于解决模糊性、随机性和高度复杂性的评价问题。该方法的基本原理是利用变量数据间模糊关系的特点，建立一个现实的隶属函数，利用最大隶属度原理和模糊变化原理进行变换和计算，对原本无法量化的模糊评价对象进行定量分析，综合各影响因素的影响程度，确定最佳方案。

模糊综合评价法可以综合考虑与研究对象相关的影响指标，对原有的无法量化的分析指标进行量化，综合评价具有较强的系统性，评价结果更加科学、真实。

1. 建立模型

利用模糊综合评价法研究社会化电子商务信任关系的主要步骤如下：

（1）建立模糊集，确定信任关系评价对象，选择各指标的最优集作为参考序列或评价尺度。

（2）构造评价矩阵，获得模型权重集。

（3）运用模糊综合评价法对社会化电子商务潜在信任关系进行评价，并对完善社会化电子商务信任关系提出针对性的建议，基本模型为 $S = A \times R$。具体步骤如下。

① 选择相关要素作为评价指标。确定指标集，结合层次分析，针对评价主体，选择相关要素作为评价指标，按照评价指标不同体系，构造相应的层次关系，确定评价指标集。设总因素集 $U = \{u_1, u_2, u_3, \cdots, u_m\}$，其中 $u_1 \cdots u_m$ 为 $m$ 个一级指标；总因素集中的第 $i$ 个因素 $u_i = \{u_{i1}, u_{i2}, \cdots, u_{ik}\}$，其中 $u_{i1} \cdots u_{ik}$ 为 $k$ 个二级指标。

② 建立研究对象的评价结果集。针对研究对象进行评价，将各种评价结果列出，建立研究对象评价集 $V = \{V_1, V_2, V_3, \cdots\cdots, V_n\}$。

③ 根据重要程度，确定相关指标权重集。为确定各相关因素对研究对象评价结果的影响程度轻重，通过进行问卷调查专家评分，进行分析统计，从而确定各评价因素的权重。将各权重归一化整理后可得 $A = \{a_1, a_2, \cdots, a_m\}$，其中

$a_1 = 1$,$a_i > 0$;$a_1 = \{a_{i1}, a_{i2}, \cdots, a_{ik}\}$,$(i = 1, 2, \cdots, m)$,其中 $\alpha_{i1} = 1$,$\alpha_{ij} > 0$。$A$ 和 $a_i$ 分别为总的权重集和因素 $u_i$ 的权重集。

④根据各项指标和权重,建立评价矩阵。

根据研究主体对每个评价指标所给出的动态模糊评价值可得动态模糊评价矩阵:

$$r_i = \begin{bmatrix} (r_{i11}, r_{j11}) & (r_{i12}, r_{j12}) & \cdots & (r_{i1n}, r_{j1n}) \\ (r_{i21}, r_{j21}) & (r_{i22}, r_{j22}) & & (r_{i2n}, r_{j2n}) \\ \vdots & & \ddots & \vdots \\ (r_{ik1}, r_{jk1}) & (r_{ik2}, r_{jk2}) & \cdots & (r_{ikn}, r_{jkn}) \end{bmatrix}$$

其中,$(r_{ijt}, r_{ijt})$ $(i = 1, 2, \cdots, m; j = 1, 2, \cdots, k; t = 1, 2, \cdots, n)$ 表示研究主体对于第 $i$ 个因素的第 $j$ 个指标在第 $t$ 个评价结果上所给出的动态模糊评价值,进一步取均值处理得到最终动态模糊评价矩阵。

⑤确定评价结果,根据权重集 $A$ 和最终动态模糊评价矩阵 $R$ 进行矩阵运算得到评价结果。

$$S = A * R - (b_1, b_1)(b_2, b_2) \cdots (b_n, b_n)$$

2. 分析模型

针对社会化电子商务信任影响因素进行模糊综合评判及分析的步骤如下:

(1) 建立模糊层次分析法的层次结构。最高层是目标层,也就是总目标,社会化电子商务的信任程度用 $A$ 表示,主准则层表示为 $U = \{U_1, U_2, U_3, U_4\}$,其中 $U_1$ 表示用户熟悉度,$U_2$ 表示用户喜好值,$U_3$ 表示专业能力,$U_4$ 表示口碑影响。

(2) 构建从目标层到基准层的优先判断矩阵。在目标层下,各基准层的重要性是通过国内的跨境企业及部分大学相关学科的领导进行评分的方式得到的,调查方式主要是将调查表用电子邮件的形式发送给对方,细则性的交流通过回收评分表来进行。对各评分矩阵取平均值,得到目标层到基准层的优先判定矩阵,见表 2-1。

表 2-1 $A-U$ 优先评判矩阵

| $A$ | $U_1$ | $U_2$ | $U_3$ | $U_4$ | $r_i$ |
|---|---|---|---|---|---|
| $U_1$ | 0.5 | 0 | 0 | 1.0 | 1.5 |
| $U_2$ | 1.0 | 0.5 | 1.0 | 1.0 | 3.5 |
| $U_3$ | 1.0 | 0 | 0.5 | 0.5 | 2.0 |
| $U_4$ | 0 | 0 | 0.5 | 0.5 | 1.0 |

利用转化公式 $r_{ij} = 0.5 + (r_i - r_j)/2n$,其中 $r_i = \sum_{j=1}^{n} f_{ij}$,得到模糊一致性矩阵表,见表2-2。

表2-2 模糊一致性矩阵表

| A | $U_1$ | $U_2$ | $U_3$ | $U_4$ |
| --- | --- | --- | --- | --- |
| $U_1$ | 0.500 | 0.250 | 0.438 | 0.563 |
| $U_2$ | 0.750 | 0.500 | 0.688 | 0.813 |
| $U_3$ | 0.563 | 0.313 | 0.500 | 0.625 |
| $U_4$ | 0.438 | 0.188 | 0.375 | 0.500 |

当前,互联网技术的普及带动了电子商务的发展,社交媒体与电子商务的结合赋予了电子商务社交性和交互性,但在此过程中信任机制建立困难,商户与用户之间存在信任博弈。只有真正分析出影响社交电子商务信任问题的因素,对症下药,才能够事半功倍,更好地促进其发展。

在社会化电子商务潜在信任关系的影响因素中,用户喜好值的影响效应最大,其次是专业能力,再次是用户熟悉度,最后是口碑影响。

**(六)加强社会化电子商务潜在信任的方法**

1. 精准把握用户喜好,建立信任关系

在社会化电子商务的信任体系中,用户对于自身喜好的事物更容易产生信任。用户之间往往由于自身的认知和兴趣条件不同,对于事物的喜好程度也不尽相同,当用户发现另一个人与自己的兴趣喜好一致性较高时,基于求同心理,便更愿意相信对方提供的信息。在社会化电子商务网络中,为了消除用户在非熟人关系网络中的不安和顾虑,可以培养意见领袖,也可以通过建立兴趣社群、创建相关的社区等方式促进在社会化电子商务中信任关系的建立,帮助用户降低选择成本,使用户更放心地进行购物消费。

2. 提升专业能力,做好售后服务

用户在社会化电子商务平台中接触到新事物时,会倾向于通过相对客观的方式来评价该事物以及判断该事物的可信度高低,在这个过程中,很多人习惯采用的就是专业能力度。因此,被信任用户注重自身专业能力值的提高能够更容易被用户所信任,使用户产生消费决策行为。因为评价用户地域分布广、用户基数大、评价数量多使得专业能力具有足够的代表性,大样本、大数据弱化了主观因素的影响,增加了专业能力的说服力,成为用户选择的重要指标之一。因此,社会化电子商务用户应注重自身产品服务的提升与完善，做好售后评价服务工作，提升自身的专业能力。

3. 提升用户熟悉度，增加用户对平台的信任值

在社会化电子商务网络中建立用户熟悉度，能够有效建立信任关系，提高用户之间的信任度。因此，在建设社会化电子商务网络的过程中，促进与用户之间的交流，提升用户对社会化电子商务平台的认知度、熟悉度，能够促进用户在平台的消费与社会化电子商务的发展。

4. 树立品牌口碑，维护商誉

在社会化电子商务网站中，大多数用户之间品牌口碑的差异性较小，想从中辨别出可被信任的用户难度较大，用户的价值信息难以被直接挖掘，导致品牌口碑对信任度的提升影响效果有限。但是，在社会化电子商务网络中，用户更应该加强品牌建设、具备口碑意识，自觉维护商誉，争取在大多数用户中脱颖而出，更有效地建立与其他用户的信任关系，促进用户消费决策。

### 四、疫情防控背景下的网络消费意愿

突发性事件会影响消费者的购买意愿。在新型冠状病毒肺炎疫情（以下简称疫情）爆发的背景下，疫情防控对于青少年的消费意愿产生了影响。

**（一）疫情对消费经济的影响**

疫情爆发的时间与中国的传统节日——春节假期叠加，加剧了疫情的扩散速度，在中央多项防控措施和国外相关出口国的政策影响下，我国消费、投资、出口均受到影响，其中消费受到的冲击尤为明显。同时由于各地实行封锁政策，许多消费者被困在家中，"宅"经济兴起，网络经济消费需求快速增加，线上产业和网络消费迎来爆发式增长。

疫情期间，人们的活动场所被大大限制，许多线下精神消费场所纷纷关闭，在此形式下，人们的精神需要只能通过网络消费得到满足。手机游戏成为青少年打发时间、消耗精力的最佳选择，于是，在春节期间，多款网络手游用户迅速增长，消费规模明显扩大。同时受到疫情的影响，春节档电影宣布撤档以避免人员密集，在此情况下，居民只能寻找对线下影院的消费替代品线上视频影音，从中获得满足。受到疫情的影响，许多居民尤其是青少年减少线下出门采购，转为在网络上购买商品，随着需求的激增，许多电子商务平台积极拓展货源，加快生产，优化库存。

在疫情的影响下，数字经济加速进化，用户规模剧增，做好用户管理能够增

加用户黏性,将会迎来数字经济的一次新风口。疫情将促进互联网实现一次飞跃及电子商务更新换代,找到新的突破口以实现升级,网络医疗、视频消费的需求会越来越多,网络消费进入一个全面扩展的时代。

疫情对于实体经济是一次大的冲击,但是危机中也有机遇。受疫情影响,中年和青少年的消费行为、经营者的商业模式、社会经济形态都发生了改变,青年群体应该立足本身具有的知识、技术优势,推动网络经济的发展。

在疫情的冲击下,实体经济尤其是小微型民营企业生存压力普遍增大,而电子商务、物流、直播、视频经济、手游、网游、在线医疗、线上培训等业务需求持续扩大。

疫情给中国经济发展带来了较大冲击,企业应该对疫情后的社会心理需求和消费结构、消费习惯等变化趋势做出预判,注重发展拓展线上经济,把握发展机会。

### (二)疫情防控背景下影响消费者购买决策的因素

消费者所在地的疫情防控力度、对疫情未来情况的预期、网络平台消费的安全性、网络平台的社交评价、物流配送质量五个变量会对消费者的购买决策造成不同程度的影响,下文将详细介绍。

### (三)青少年网络消费

1. 消费

消费普遍存在于人们的生活过程当中,人们对于消费的行为并不陌生。从经济学角度看,消费可分为广义消费和狭义消费,广义的消费既包含生产资料的消费也包含生活资料的消费,而狭义的消费仅仅指生活资料的消费。消费商品是购买和使用的过程,消费的目的是使消费者的效益得到满足,也就是让消费者的物质或精神需要得到满足。

随着经济社会的发展,人们的追求层次越来越高,消费的目的已经不仅是基本物质条件的满足,更是社会符号的体现、精神层次的需要,消费就是用人们生产出来的产品来满足个人物质或精神上的需要。

2. 网络消费行为

网络消费行为是人们以互联网络为工具而实现其自身效益满足的过程,即消费者在虚拟的网络平台中,通过互联网络对所需要的产品、信息和服务进行信息搜寻、消费决策、使用并评价相关消费品的行为。网络消费作为一种新的消费方式,具有以网络技术为平台、便捷、实惠、能够满足消费者个性化需求等特点。

网络消费分为狭义网络消费和广义网络消费,狭义的网络消费指网络购物,即浏览、下单、配送、评价等传统的电子商务程序；广义的网络消费包含网络购物、教育、医疗、社交、游戏等依托互联网进行的消费活动。

3. 青年网络消费决策

青年消费群体指 14~28 周岁的人员，包括步入社会不久的职场新人及高校在校生。青年网络消费指青年群体利用互联网的功能使自己的物质或精神需求得到满足并支付对等报酬的过程。在疫情背景下，青年的网络消费呈现较强态势，青年群体出行受限，只能借助互联网进行直播、游戏、购物、医疗等满足日常需求，其中网络游戏和网络直播异常火爆。

青少年进行网络消费时容易受到品牌效应的影响。当前社会人们的生活深受互联网的影响，青年消费者的消费行为越来越依赖社交网络，产品的网络口碑成为青年消费者进行购买决策的重要参考，企业应该通过口碑营销打造品牌，优化企业形象，增强青年消费者的客户黏性。

青年网络消费意愿会受到网络消费环境复杂性的影响，电子商务平台的形象、口碑、品牌、销售服务态度、物流服务及消费安全性等因素会影响消费满意度，进而影响青年消费意愿和消费决策。

心理解释、感知功能多样性、客户忠诚度、社交网络口碑等因素对于青年消费者的消费决策行为有着不同方向、不同程度的影响，电子商务平台应该准确分析并理解消费者对产品的认知、感知需求实现与购物决策行为，更好地引导消费者进行消费行为。

4. 影响青少年网络消费的因素

下面通过构建多元回归模型，对疫情防控背景下青年网络消费影响因素进行实证分析。为了充分研究疫情防控背景下青年网络消费意愿的影响因素，将模型分为核心变量回归模型，引入控制变量回归模型。模型的一般表达式如下：

$$\ln Y = C + \sum_{i=1}^{k} \beta_i \ln X_{in} + \varepsilon_n$$

$$\beta_i = \begin{bmatrix} \beta_1 \\ \beta_2 \\ \vdots \\ \beta_k \end{bmatrix}, \ln Y_n = \begin{bmatrix} Y_1 \\ Y_2 \\ \vdots \\ Y_n \end{bmatrix}, \varepsilon_n = \begin{bmatrix} u_1 \\ u_2 \\ \vdots \\ u_n \end{bmatrix}, \ln X_{in} = \begin{bmatrix} x_{11} & x_{12} & \cdots & x_{1k} \\ x_{21} & x_{22} & \cdots & x_{2k} \\ \vdots & \vdots & & \vdots \\ x_{n1} & x_{n2} & \cdots & x_{nk} \end{bmatrix}$$

式中：$n$——回收的有效调查问卷份数；

$\ln Y_n$——被解释变量，表示疫情防控背景下青年网络消费者的消费意愿；

$\ln X_{in}$——自变量；

$\varepsilon_n$——随机误差项;

$\beta_i$——核心变量模型。

解释变量对被解释变量的影响方向和程度可以通过模型回归结果参数反映。为了更好地分析疫情对于青年网络消费意愿的影响,分别构建核心影响因素回归模型、核心变量与控制变量回归模型,并在模型中分析核心变量、控制变量对疫情防控背景下青年网络消费意愿的影响。

通过问卷调查对被调查者所在地疫情防控力度 $X_1$、对疫情未来情况的预期 $X_2$、网络平台消费安全性 $X_3$、网络消费平台的社交评价 $X_4$、物流配送质量 $X_5$ 五个因素进行打分(1~10分),分值越高说明被调查者认为该项因素对网络消费意愿的影响程度越高。

分别对核心变量模型、核心变量+控制变量模型进行回归,观察两个模型中的所有变量对青年网络消费意愿的影响效果及模型的回归结果是否能通过计量检验、统计检验和经济意义检验,选取合理的模型进行调整,逐步剔除模型中统计检验不显著的经济变量。得到的回归结果见表2-3。

表2-3 疫情防控背景下青年网络消费意愿影响因素实证模型及回归结果

| 变量 | 核心变量模型(模型一) | 控制变量模型(模型二) |
| --- | --- | --- |
| $C$ | 0.827 *<br>(3.854) | 0.697 *<br>(3.963) |
| $\ln X_1$ | 0.006 *<br>(4.865) | 0.013 * *<br>(3.865) |
| $\ln X_2$ | -0.015 *<br>(-5.382) | -0.030 *<br>(4.254) |
| $\ln X_3$ | — | 0.134 *<br>(5.864) |
| $\ln X_4$ | — | 0.070 *<br>(-4.837) |
| $\ln X_5$ | — | 0.049<br>(1.490) |
| $R^2$ | 0.962 | 0.958 |
| 调整 $R^2$ | 0.960 | 0.952 |
| $F$ 统计量 | 169.836 | 148.985 |
| $F$ 统计量 $P$ 值 | 0.000 | 0.000 |

注:*表示在5%显著性水平下显著,* *表示在10%水平下显著,其余为10%水平下

不显著。

对于模型一：
$$\ln Y = 0.827 + 0.006\ \ln X_{1n} - 0.015\ \ln X_{2n}$$

所有变量在5%显著性水平下独立显著、联合显著。在模型一的基础上添加控制变量 $X_3$、$X_4$ 和 $X_5$，得到模型二：

$$\ln Y = 0.697 + 0.013\ \ln X_{1n} - 0.030 \ln X_{2n} + 0.134\ \ln X_{3n} + 0.070\ \ln X_{4n} + 0.049 \ln X_{5n}$$

回归结果显示，模型二的所有变量有效通过总体统计检验（$F = 148.985$，$P = 0.000$），$X_1$、$X_2$、$X_3$、$X_4$ 通过10%水平下的显著性检验，且不存在多重共线性。

对模型进行异方差检验，查询卡方分布表，得临界值为124.34，而 $nR^2 = 119 \times 0.958\ 3 = 114.037\ 7 < 124.34$，模型二不存在异方差。

变量 $X_1$、$X_2$、$X_3$、$X_4$ 能够较好地通过统计检验和计量检验。$X_5$ 的回归结果不显著，该变量表示物流配送质量，网络购物配送基本使用的是圆通、申通、韵达、中通和顺丰等物流，顺丰明显优于其他四个物流平台，但费用较高，很难成为电子商务平台的首选物流方式，而圆通、申通、韵达、中通的配送速度、服务质量、便捷程度相差无几，没有明显的优劣比较，导致物流配送质量对青年网络消费意愿的影响不显著。

在疫情防控背景下，青年消费者的网络消费意愿会受到多种因素影响，消费者所在地区疫情防控力度的大小、网络消费平台的安全系数大小、网络消费平台的社交评价好坏与青年网络消费意愿强弱呈正相关；消费者对于疫情未来发展方向判断与青年网络消费意愿强弱呈负相关。

（1）$X_1$ 表示疫情防控力度，参数为0.013，说明消费者所在地疫情防控措施实施力度越大，其进行网络消费的意愿越强烈。疫情防控措施实施力度越大，人员流动和外出的管制越严格，人们在出行受限的情况下，只能通过网络消费获得所需的物质和精神上效益的满足。

（2）$X_2$ 表示消费者对疫情未来发展趋势的预期，参数为-0.030，对青年网络消费的影响是反方向的，即对疫情的未来预期越好，进行网络消费的意愿越低。当人们预期疫情能够很快结束时，将会减少生活物资的储备，同时由于预期网络消费品使用的时间不长，出于经济人的理性考虑，将会减少网络游戏充值和相关衍生品，网络消费的意愿会被大大削弱，反之预期疫情将持续较长一段时间时，网络消费意愿便会大大增强。

（3）$X_3$ 表示网络消费平台的安全性，参数为0.134，平台安全性越高，消费者在该平台进行消费的意愿越强烈；网络消费平台安全系数每增加1%，消费者消费意愿增加 0.134 2%。在进行网络消费时，由于买卖双方的信息不对称，消费者在进行消费决策时会优先考虑满足自己的效益，当消费平台安全系数越高，消费者进行消费决策带来的效益的满足越有可能实现，因此网络平台消费安全性越高，消费者的消费意愿就越强烈。

（4）$X_4$ 表示消费平台的社交评价，系数为 0.070，消费平台社交评价对消费意愿的影响是正向的，即消费平台的社交评价越高，消费者消费意愿越强烈；网络消费平台的社交评价每提高 1%，消费者的消费意愿增加 0.070%。由于消费者在进行网络购物时会受到从众心理的影响，当一个消费平台的社交评价度越高，说明有越多的人对在这个平台进行消费持肯定态度，受从众心理的影响，消费者的消费意愿就会增加。

（5）$X_5$ 表示物流配送质量，系数为 0.049，物流配送质量对青年消费者的网络消费成正向影响，说明物流配送质量越高，消费者进行网络消费的意愿就越大。消费者理所当然地会更加偏向于在下单后能够更快地收到商品，所以拥有高质量的物流配送服务将会在一定程度上增加消费者的购买意愿。虽然现在的物流配送质量对比以往已经有很大的提升，但是在疫情期间，无论哪家快递物流的配送都受到一定程度上的影响，因此疫情期间物流配送质量对青少年消费意愿影响并不显著。

### （四）疫情下提高网络消费意愿的措施

#### 1. 积极配合落实疫情防控措施，把握宅经济契机

疫情防控期间为贯彻落实"外防输入、内防扩散"的方针政策，许多地方进行了严格的交通管制，网络消费既能满足人们日常的物质、精神需求，又能减少人员外出流动，减少受到感染的可能，在此背景下宅经济兴起已成必然。网络消费平台应借助渠道优势，保障消费者需求物品和服务的供需平衡，进一步提升货物上架、展示、包装、配送等环节的协同响应能力[18]。

疫情期间，各网络消费平台新增了许多用户，做好新用户的管理至关重要。打折优惠、节日促销是吸引青年网络消费者的两种重要店铺活动类型。网络消费平台可以考虑针对新用户推送特定的产品和新用户优惠政策，同时对新老用户进行差别管理策略，增加客户黏性，发挥疫情期间拉动的新用户规模效应，不断积累资源、留住用户。

#### 2. 了解青年消费者的心理状态，巩固网络消费习惯

在疫情背景下，青年人对于突发性重大公共卫生事件缺乏必要的经验，而且青年群体能够通过多元化的渠道接触到疫情防控的信息，网络平台的使用情况明

显高于其他年龄段。在众多信息泥沙俱下的情况下，如果不加以甄别就全盘接受，容易产生疑虑、困惑、担心、焦虑、不安等负面情绪，并且会互相叠加、进一步将负面消极情绪扩大，因此网络消费平台应多关注青年人的心理状态，通过适当的宣传减轻青年人恐慌情绪，在消费者心目中树立良好形象。

同时要进一步巩固青年消费者网络消费的习惯，明白疫情必将得到控制并远去，要把握这个特殊时期，优化发展，扩展合作平台和渠道，为消费者提供让其满意的货源和服务，同时注重产品的包装，高频度地推送新产品，拉动销售额增长的同时挖掘更多的潜在客户。

3. 加强行业诚信建设，保障消费者安全消费

网络消费当中，商家起着主导性作用，消费者在信息不对等的情况下，会优先考虑消费的安全性，因此切实加强电子商务行业的自律性建设尤为重要，行业诚信建设更是重中之重。

电子商务平台安全保障在于商家诚信，行业诚信建设核心在于人员，因此消费平台要加强对诚信的管理的重视程度，进行严格的管理和审核产品货源，维护自己的信用度，不断加强电子商务从业人员的道德素质和法律意识，同时网络消费平台要努力提高服务质量，及时了解并尽可能满足，甚至提前做出预判用户可能产生的最新要求。提高网络消费平台的线上线下服务水平，要求客服及时回复客户提出的问题并给予有效的答复，设立专门的咨询、查询和投诉通道，保障消费者的基本权益，为营造出良好的网络消费环境打下坚实的基础。

有关单位应加强对网络消费平台的监管，加大对电子商务产业的诚信管理力度，通过互联网大数据建立信息管理系统，严格处罚出现失信行为的电子商务平台和商家，加强防范信用风险。保障消费者的维权通道，让消费者对电子商务平台是否诚信经营进行有效的监督，消费者在消费过程中被欺诈时可以通过网络渠道维权，同时曝光失信平台，推动电子商务产业健康发展。

4. 注重平台社交口碑建设，提高青年消费群体的忠诚度

随着消费者的素质逐渐提高，以及选择性的增多，消费者越来越难以成为平台的忠实用户，很容易因为一次沟通不愉悦、产品不满意或者看到其他平台更好的产品等转向其他平台。

（1）从网络消费平台社交评价角度来看，产品质量是社交评价的主要内容和商家口碑的根源所在，产品质量必须符合甚至超过消费者的心理预期，才能够使消费者感到满意，并在社交平台上进行正面的口碑宣传[22]。

（2）随着网络消费平台增多，买方市场形成，商家无法获得垄断优势，因此需要让消费者在愉悦的环境中完成决策，在后续服务中获得满足，这样不仅可

以使消费者对平台的认可度提高，更能够在消费群体中获得良好的口碑。

## 五、新零售背景下提高消费者购买意愿的方法

### （一）电子商务

在新零售背景下，电子商务可以采取以下方法提高消费者的购买意愿：

（1）制定行业标准，进一步确保产品质量；

（2）不断提升物流服务水平，打造新零售全套供应链；

（3）不断提升技术水平，高效促进线上和线下全渠道融合；

（4）完善行业监管体系和可溯源系统的构建，增加行业监管力度。

### （二）新零售企业

新零售企业可以采取以下方法提高消费者的购买意愿：

（1）规模扩张适应度，严格保证优质的产品管理；

（2）有效整合线上线下优势，充分发挥各渠道间整合效用的最大价值；

（3）用科技助推新零售，确保摆上货架的产品能够真正满足消费者的需求；

（4）利用服务人员的桥梁和窗口作用，提升消费者线下购物的服务体验；

（5）大力发展物流配送，缩短顾客线上下单到货时间差，降低消费者线上购物的时间风险感知。

# 第三章

## 新零售背景下的网络购买行为

# 第三章 新零售背景下的网络购买行为

新零售是企业依托互联网,运用大数据、人工智能等先进技术手段及心理学知识,提升商品生产、流通、销售流程,重塑商业结构和生态系统,深度融合在线服务的新型零售模式。线上营销、线下体验和现代物流的结合将产生新的零售业。

纯电子商务时代即将结束,纯零售业态将被打破,新的零售业将带来新的商业模式,并影响消费者的网络购买行为。

## 第一节 新零售背景下网络购买现状分析

新零售概念提出后,阿里巴巴、腾讯、百度、京东、小米、网易、前海云等企业纷纷开始探索新的零售产品。其中,从一开始就完全按照新零售模式运作的知名品牌有京东的"超级物种"、小米的"小米之家"、网易的"网易严选"。新的零售终端,如"超级物种"和"盒马鲜生"基于大数据、人工智能等核心技术,营造满足新一代消费群体消费升级需求的场景,线上线下布局,打通二者的数据连接;自建物流或合作物流,追求高效率物流。

新零售的实质是探索基于互联网技术的"线上+线下"全渠道整合。线下企业必须上线,线上企业必须有线下。传统零售和纯电子商务"人、货、市"通过人工智能、大数据、物联网等先进的现代技术改造,使运营效率不断提高,是一种新的零售模式,最大限度地提升用户体验。

### 一、零售的现状

零售是一系列商业模式的总称,它通过一定的交易结构将消费者与商品联系起来,向消费者销售商品,让消费者找到商品。用零售实际上是一个"场",连接着"人"(消费者)和"商品"(商品),最终出"人"(消费者)付费。这个"场"可以是场景、物理位置或行为。很多商业模式都可以看作是零售,如线下服装店、超市,一个走街串巷吆喝的磨刀人也可以被认为是零售。

#### (一)零售业的发展

零售业源远流长,但其本质从古至今没有改变。在易货时代,有人养羊,有人种大米,有人想吃大米,有人想吃羊肉。如何兑换?把羊带到对方家。除了大米，他可能还想换棉花和蔬菜，这会很麻烦。因此，这些有易货需求的人约定了具体的交易时间和地点。后来，交易场所逐渐固定，成为市场。市场是商业地产的雏形，它的功能是把商品和需要商品的人联系起来。市场本来是一种约定，随着时间的推移，逐渐演变成今天的商业地产。商业地产的发展带来了百货公司。百货公司也是人和货物联系的地方。消费者去百货公司买西装，百货公司设置展示架、镜子和试衣间。这个环境（市场）很方便试穿，消费者喜欢的话可以买。出现连锁店和超市后，消费者会到连接人和货物的市场购买商品。后来，出现了电子商务。淘宝、天猫、小米商城、京东、优赞商城、朋友圈、微信等是市场。卖家拿着商品联系人们，或者买家把人们聚集在网上一起寻找商品。

人、商品、市场是零售业组成元素。

在过去的几年里，零售业面临着巨大的挑战。许多曾经很受欢迎的百货公司现在客流量减少。随着互联网的快速发展，电子商务不断吞噬线下零售的份额。许多传统零售生意的从业者认为互联网公司正在掏空实体经济。然而实际上，2017年社会消费品零售总额突破36万亿元，同比增长10.2%，其中电子商务完成的增长为10%~20%。由此可见，我国社会消费品零售总额非但没有减少，反而在增加。快速发展的电子商务并没有吞噬线下零售的太多份额。

随着购物网站的普及和信用体系的不断完善，网络购物已经走进千家万户，改变了人们的消费习惯。近年来，网络购物呈现出快速发展的趋势。然而，尽管网上零售业发展迅速，并为人们所普遍接受，但依然存在许多问题。网络零售企业服务态度、服务质量、顾客体验都比较差，影响了我国网络零售业的进一步发展。到目前为止，我国还没有出台关于电子商务网络零售的正式文件。网络购物问题层出不穷，解决速度慢，直接影响消费者的购物体验。快递信息泄露问题影响我国网络零售业的进一步发展。随着网络的快速发展和网上购物的蓬勃发展，越来越多的厂商开发网上购物系统，以挖掘商机，达到营利的目的，网络成为很多企业重要的营利渠道。

随着网店数量的不断增加和竞争的日益激烈，消费者不仅对网络的服务提出了越来越高的要求，而且对购买和支付环境提出了越来越高的要求。网上商城不受店面租金、人工成本等费用的压力限制，经营成本低。消费者可以有很多选择。通过宣传普及，树立消费者信心，网上购物一定会蓬勃发展。

我国网络零售业起步较晚，但发展迅速。发展过程中存在的问题逐渐成为产业发展的瓶颈。在未来的发展道路上，我们应该如何应对和解决这些问题？这些问题解决不了，会阻碍我国网络零售业乃至整个电子商务行业的发展。因此，我们需要对我国网络零售业快速发展中存在的一些问题进行详细的审视和分析，从而进一步消除网络零售业发展的障碍。

根据艾瑞咨询发布的 2020 年中国网购市场数据，2020 年的中国网购市场年销售额 11.7 亿元，同比 2019 年的 7.5 亿元，增长 10.9%。根据商务部此前的预测，不难看出，网络购物的数量和质量都有不同程度的增长，未来网络购物的交易规模将在社会消费品零售总额中占据非常大的比重。

随着网络购物的出现，人们的消费习惯发生了巨大变化。电子商务法律法规的完善促进了网上零售业的发展和采购效率的提高。网络购物市场逐渐进入成熟阶段。未来几年，网购市场增速将逐步放缓，在稳中求进的道路上前行。同时，许多企业也进入电子商务领域，拓展互联网市场，目前东部沿海市场电子商务行业的发展模式优于西部市场，可以为中西部网络市场的发展提供经验，进一步促进我国网络购物市场的协调增长。中国的网络购物市场具有很大的潜力，预计到 2022 年年底中国网络购物市场交易规模将达到 19.1 万亿元。

近年来，C2C 整体呈现稳定趋势，市场份额的增长空间受到限制，B2C 成为中国网络购物的主要推动力。未来随着 B2C 的发展壮大，会有更多的机会和发展空间；很多企业看到电子商务的潜力以 B2C 为切入点。消费者们对 B2C 模式表现出高度的认同，B2C 模式在很大程度上满足了消费者对商品的高品质需求。B2C 的市场占比将一年比一年高，最终逐渐超过 C2C，成为零售行业的发展趋势。B2C 符合消费者对于生活购物发展的需要和社会经济发展潮流，属于新零售模式，获得更多消费者的认同。

新零售是一种通过网络决策过程和就近配送等手段来提高效率的零售，互联网电子商务在人、货、场三大零售要素上取得了更高的效率。新零售业的使命是结合线上和线下贸易的优势，创造更高效的零售业。

**（二）零售电子商务的发展状况**

1. 零售行业发展呈上升趋势，前景利好

（1）百货商场类：近年来人们消费能力逐年提升。据国家统计局统计，2019 年，社会消费品零售总额超 41 亿元，比上年名义增长 8.0%（扣除价格因素实际增长 6.0%）。

（2）线上电子商务类：据国家统计局数据显示，截至 2019 年年底，国内实物商品的线上销售额为 8.52 万亿元，达到全量消费品销售总额的 20% 左右；iiMedia Research 发布报告称，从 2013 年至 2019 年，我国线上购物交易总额从 0.27 万亿元飞速增长为 10.63 万亿元，增幅达 3 937%。

（3）生活农贸类：生鲜菜品、生活必需品等市场由线下向线上过渡转型愿景强烈。据第一财经商业数据中心报道，饿了么平台的生鲜商户增量在 2018 年超过上年一倍，2019年1—3月的生鲜类订单总量超过2018年全年，同比增长384%。

2. 纯电子商务向新零售模式转变，线上线下结合日趋密切

零售电子商务发展初期重点关注线上纯电子商务模式。2016年开始，新零售模式应运而生，如以盒马鲜生为代表的店仓一体的O2O新零售模式、社区团购模式和以每日优鲜为代表的前置仓模式等，均要求发挥大数据、人工智能等技术的优势，全面提升商品的研、产、销过程，优化行业结构，重塑生态圈，并深度融合线上体验、线下服务、现代物流。

3. 布局挖掘下沉市场，持续实现高增长

由于运营资费的下降和互联网的普及，零售电子商务为了发掘更多新用户、扩大经营规模，产品性能和运营方式从只响应一线、二线城市用户的需求，变为拓展并专注于三四线城市用户群体、大龄购物群体、农村用户群体的需求。例如，以"拼多多"为代表的零售电子商务在三四线及以下城市实现了用户规模高速增长。

4. 商业模式向"货—场—人"转变

现代零售模式先确定用户是谁，如何找到、经营用户，如何为用户制造商品，如何提升用户使用体验，最后一步才是构造销售情景。关于线上和线下渠道，所有有益于滋生用户需求、提高用户认知度、产生友好体验的场景都是销售场。在经济全球化的今天，电子商务发展成为全球性的电子商务，有着非常美好的未来。

随着消费者生活质量的日益提高，消费增长的趋势越来越明显，互联网技术的快速发展、电子商务公司和传统零售业的发展都出现了瓶颈。零售商和电子商务公司正在研究以用户体验和数据为核心的新型零售交易，因此，企业必须以新型零售业务为依托，推动实体零售和网络商务的现代化转型，构建新的生态格局和模式，为消费者提供多渠道服务，建立、应用线上和线下的消费场景，并通过社交媒体与消费者进行沟通和互动。

## 二、网络消费现状

网上购物又称网上消费和网购，是指消费者通过互联网满足自身需求的消费过程。网络消费的核心是信息。

### （一）网络消费概述

从网络购物的特点来看，网络市场的虚拟性和永恒性导致网络经济模式下新

的消费特征。网络消费的特点主要体现在个人消费的回归、消费主动性的增强、购买便利性需求的增强,而价格仍然是影响消费心理的重要因素。追求购物乐趣作为网络消费的特征之一,网上购物可以满足实际需要,并伴随着极大的乐趣在这个过程中。

1. 年龄组成

根据中国互联网络信息中心 2011 年发布的《2010 中国网络购物调查报告》,在网络购物人群中,18~24 岁占 34%,25~30 岁占 36%,31~35 岁占 14%,36 岁以上占 16%。目前,网购用户大多具有中、高学历,而男性群体已成为网购用户的主力军,占比高达 55%。网购用户正从年轻网民向中老年网民渗透。

2. 购买流程

从网购流程来看,传统的网购流程一般分为五个阶段,分别是购买动机的产生、信息的收集与处理、品牌评价、购买意向和购买后评价。与传统的购买过程相比,网络购物过程是通过商品或服务的同声传译来转移所有权的过程,同声传译和网上购物等同于传统的购买过程。

3. 支付方式和交易地点

随着科技的发展,我国网络购物的现状表现为网络深入人们生活的每个角落,结算方式由现金交易改为贷款交易。除了网上银行和手机银行等支付方式,购物也从实体店转向了网上交易。这就是我们常说的网上购物。简而言之,就是直接把传统的"商店"搬回家,利用互联网直接购买自己需要的商品和服务。

网络购物作为一种新的商业模式,与传统的"店"式购物模式有很大的不同。网上有各种各样的商品,而且价格便宜。互联网上的商品包括世界各地的各种商品,充分体现了互联网无地域的优越性。世界上生产的各种产品都在网上销售。另外,传统的超市和商店,无论多大的空间,能装下的货都是有限的。对于网络来说,它是展示商品的平台之一。无论有什么样的产品,都可以在这个平台上展示和讲解。

网店的成本远低于实体店,租金、水费和人员成本也远低于实体店。网店没有库存压力,资金周转快,比实体店风险小。网店可以根据订单数量决定购买商品的时间。对于消费者来说,同样品质下选择相对便宜的商品是很自然的,为了实现购物的需要,可以比较商品。而且购物不受时间和空间的限制。第三方交易平台实现了交易的便捷性和快捷性,门到门的快递刺激了物流业的发展。随着网银支付、微信支付、支付宝等各类交易的出现,网上购物越来越方便快捷。同时,物流业的兴起也与网络购物业务的激增,刺激经济的发展密切相关。

## （二）网络消费的发展

根据 CNNIC 发布的《第 46 次中国互联网发展统计报告》（以下简称《报告》），到 2020 年 9 月，中国网民规模将达到 9.4 亿元，比 2020 年 3 月增加 3 625 万元，互联网普及率达到 67%，比 2020 年 3 月提高 2.5 个百分点，与 3 月份相比，中国电子商务直播、短视频和网络购物用户超过 5%。电子商务直播用户达到 3.09 亿元，比 2020 年 3 月增加 4 430 万元，成为上半年增长速度最快的个人网络应用，为推动传统产业转型和农产品上传提供了助力。网络零售用户规模为 7.49 亿元，占网民总数的 80%。市场连续 7 年保持世界第一，为形成新的发展模式提供了重要支撑。

数字经济新业态、新模式、数字技术的快速发展，成为提高我国经济"韧带"韧性、促进形成新的经济增长点的重要支撑。

（1）5G 和工业互联网等技术将大规模匹配算法和高速网络传输到云端，信息传输更快，能量损耗更小，为数字经济提供了基础。数字经济被提升为"低熵经济"。

（2）网络购物等数字消费为推动经济周期提供新的动力。上半年，网上零售规模已超过社会消费品零售总额的四分之一，进一步增强了对消费的支撑作用。《报告》显示，新电子商务、农产品电子商务、跨境电子商务、二手电子商务等新模式保持快速发展，用户规模分别达到 2.57 亿元、2.48 亿元、1.38 亿元和 6 143 万元，对促进农产品崛起、消费回归、休眠经济发展发挥了积极作用。

（3）以远程服务为主导的数字服务形成了新的服务业。《报告》显示，在线教育、在线医疗、远程服务的用户数分别达到 3.81 亿元、2.76 亿元和 1.99 亿元，已成为极具发展潜力的网络应用，不仅促进了服务业的创新，而且增强了经济的弹性。

## （三）网络消费模式

消费模式合理地概括了一定消费条件下消费的共性。传统的消费模式主要是衣、食、住、行等生存消费，而网络经济的消费模式主要是发展性消费和享受性消费，主要的消费模式有 C2C、B2C、O2O。O2O 模式将线上销售和线下服务结合，让品牌能够深度分享互联网时代的便利和福利。

网络消费与实体消费是相辅相成的。网络消费的快速发展推动了传统企业的网络布局和控制，传统企业升级换代迫在眉睫。例如，苏宁在重建网上购物的同时，利用互联网技术重建实体连锁店，将销售、展示、体验、服务等综合功能从过去单一的导购实体店升级。

实体店在供应链管理和品牌意识方面具有很大的优势。网店通常支持实体店，以提高产品的可靠性和美誉度。如杰克·琼斯旗舰店、骆驼服装旗舰店、全友私人旗舰店大部分都是传统的线下品牌，芳草汇的众多"淘品牌"纷纷转向传统零售市场。

低端消费仍占主导地位。对于一般商品来说，价格和需求之间存在着相反的关系。同一商品的价格越低，消费者的需求就越大，企业的销售量也就越大。很多消费者选择网上购物的主要原因是价格。互联网上的廉价价格吸引消费者。企业为了满足消费者的需求，会提供大量质优价廉的商品。此外，网上交易存在难以辨别商品真伪、无法提供正规的售后服务、奢侈品缺乏真正的检验机构等风险。

### 三、消费者网络购买特征

随着互联网和移动技术的发展，消费者越来越年轻化，消费者的网络购物行为也发生了很大的变化。在新零售模式下，消费者的心理特征主要体现在以下几个方面。

1. 追求个性

"90后""95后"作为消费者的主要群体，在购物过程中容易受到个性化心理的引导，倾向于购买一些新颖、独特、具有象征意义的产品来满足自己的个性化需求。年轻消费者更注重产品质量和用户体验。一旦商家接受了消费者的建议，不断改进和创新产品，用户就能得到更符合自己意愿的产品，新技术将有助于提高产品质量。

2. 寻找自由的购物环境

传统的线下零售业追求交易的实现，赚取更多的利润，并不断完善传统的销售人员。在购物过程中，导购态度、促销等因素会在一定程度上干扰消费者的购买行为，降低消费者的购买欲望。在大多数情况下，消费者希望有一个自由的购物环境。在线下场景中，消费者可以体验产品，享受愉快的购物体验，在良好的商业环境中增加购买力。

3. 关注消费者体验

与客户关系维护缺乏实体细节导致的客户体验差、客户流失，以及网络平台因价格、渠道特点等原因无法提供优质服务不同，"新细节"是一种强调良好消费体验的新型业务，注重维护客户关系，积极传递客户价值。

随着生活水平的提高，消费者的行为发生了巨大的变化，影响其购买意愿的因素不再仅是他们的需求。良好的消费体验对消费者的购买意愿乃至冲动性购买行为具有重要影响。随着新零售时代及其模式的普及，营销体验在提高消费者购买意愿、实现顾客价值最大化、为企业带来品牌优势和价值等方面发挥着重要作用。企业应积极探索体验营销中影响消费者购买意愿的因素，强化体验营销的效益，不断提高企业竞争力，实现长期稳定发展。

### 四、网络消费的特点

网络消费方便快捷，具有多样性和不可逆性，且属于买方市场。

1. 方便快捷

消费者在网上购物时，通过搜索引擎，根据价格水平、信用等级、地域可以快速选择自己喜欢的商品，不受时间限制，大大节省了时间成本。移动互联网的迅速崛起，实现了随时随地在线购物。网上购物到家消除了传统购物的数量限制，而且节省了运输成本。在线消费使用购物车和收藏夹等个性化软件来识别并记录消费者的选择，推送产品更加具有针对性。消费者可以有效地选择和购买商品，缩短消费欲望与购买行为之间的间隔，实施购买决策。

2. 多样性

（1）信息的多样性。消费者在网络消费时，利用网络平台浏览世界各地的商品信息。信息的多样性拓展了消费者的视野，极大地满足了消费者的多样化需求。

（2）手段的多样性。面对形形色色的商品信息，搜索引擎和竞价排名等先进的技术手段可以有效地帮助消费者在复杂的信息中找出科学的解决方案。高速结算、动漫结算、手机结算等支付方式的多样化，提高了支付的便利性，促进了网络消费的繁荣。

（3）市场多元化。在现代社会，市场是由消费主导的。随着经济的发展，消费者的需求日益细分，个性化需求日益突出。随着年龄、社会地位、消费心理等因素的影响，市场差异化需求不断扩大。

3. 不可逆性

随着网络消费产业链的成熟，网络用户的消费习惯逐渐由线下走向线上，网络消费呈现持续发展的趋势。网络购物市场交易量占社会消费品零售总额的比重逐年上升，取代传统消费是不可避免的。

4. 买方市场

在传统的购物中，消费者无法完全掌握商品信息，生产者处于绝对的控制地位。新型网络消费实现了从卖方市场向买方市场的转变。消费者通过网络及时地将自己的需求信息传递给厂商,制造商根据消费者的意愿和需要定制商品,能够避免库存积压。当消费者改变在价格上的弱势地位时,通过团购等集体价格协商模式,可以聚集分散的消费需求,形成集体购买等巨额订单,与供应商进行价格协商,获得更高的满意度。

## 五、网络消费存在的问题

网络购物的出现方便了人们购物,但也出现了许多不可忽视的问题。

1. 网上购物质量问题

(1) 网上购物的商品质量很难判定。在网上购物中,商品不能在买卖双方的证验下进行交易。当发生质量问题时,物流环节无法实时监控,成为网商推卸责任的常用理由。当商品是伪劣商品时,很难确定负责人。

(2) 在线购买者很难掌握商品的真实信息。买东西的人可以通过照片和文字知道商品的性能和状态,但是这些信息是由商品的销售者提供的,很难判断其可靠性。很多商品的好评都是利用信用获得的,也无法作为判断商品质量的可靠依据。

2. 网络购物商品的运输问题

在网上购物中受到损失的商品大部分在物流过程中受到了损失。很多快递公司的工作人员在消费者付款前拒绝打开箱子检查。即使货物坏了,他们也不负责破损。另外,卖方必须直接将损失责任交给快递公司,不换商品的话,买方只能承认损失。快递公司经常进行委托品的筛选和处理,造成货物损坏,快递企业有义务正确分类货物,合理包装运输。对于这些情况,我们应该制定相应的包装法规规范商品包装过程的不规范行为。例如,易碎品必须加强包装质量。消费者可以要求卖方用保证价格的邮件订购商品,并选择信用好的快递公司。

3. 网上购物有泄露个人信息的风险

网上购物是一种真实的交易行为,快递信息中的住址、工作单位、电话号码等信息都是消费者的隐私。在邮购过程中,一些物流公司销售买家的联系方式,侵犯了个人隐私。

4. 网上购物缺乏直接购物体验

很多人去百货商店和超市购物的同时,享受购物的心理喜悦。在网上购物中,很多人无法享受这样的心理享受。消费者买的大部分商品3~5天后才能收到,在一些偏远地区,甚至要10天以上的时间才能够收到商品,导致消费者的购物体验感和愉悦感大打折扣。另外,收到商品后,发现购买商品的尺寸不合适或质量有问题，退货还有一定的障碍。消费者不仅需要承担相应的邮寄费用，而且不能马上退货，有些商家还会以各种理由拒绝退货，存在的风险性较大。

商品质量、快递破损、个人信息泄露等问题可以通过完善法律法规、改善网络购物环境解决，从而解决网络购物发展的瓶颈问题和消费者的权益问题，加快网上购物的发展。

## 第二节　新零售背景下的网络购买动机

网络消费者的购买动机是指网络消费者在网络购买活动中产生购买行为的内在驱动力。动机是一种内在的心理状态，不易直接观察和测量，但可以根据人们的长期行为或自我陈述来理解和概括。企业的促销部门可以通过了解消费者的动机，解释和预测消费者的行为，并采取相应的促销措施。

网络促销是一种互不相见的销售，网络消费者复杂、多层次、交织、多变的购买行为无法直接观察，只能通过文字或语言的交流来想象和体验。

网络消费者的购买动机可以分为两类：需求动机和心理动机。前者是指人们因各种需要而产生的购买动机，包括低层次的需要和高层次的需要；后者是指人们因认知、情感、意志等心理过程而产生的购买动机。下面将详细讨论这两种动机。

### 一、网络消费者的需求动机

在人的生存过程中，必然有各种各样的需要。需求是人类从事一切活动的基本动力，是消费者产生购买观念、参与购买行为的直接原因。一个人的购买行为总是直接或间接地、自觉或不自觉地满足一定的需求。购买动机是由需求产生的，购买动机导致购买行为。因此，要研究人们的网购行为，首先要研究人们的网购需求。

#### （一）需求层次理论在网络需求分析中的应用

在传统的营销过程中，需求层次理论得到了广泛的应用。需要层次论是研究人的需要结构的理论。它是由美国心理学家马斯洛在1943年出版的《人的动机理论》一书中提出的，这一理论基于三个基本假设：第一，人在生活过程中有不同的需要，只有不满足的需要才能影响人的行为；第二，人的需要可以根据其重要性划分为一定的层次，包括从基本的生理需要到复杂的自我实现需要；第三，当某一层次的需求被满足到最低限度时，人们就会追求更高层次的需求。根据这三个基本假设，马斯洛将人的需要分为五个层次：生理需要、安全需要、社会需要、尊重需要和自我实现需要。

马斯洛的需求层次理论对网络消费的需求层次分析具有重要的指导作用。在五个层次的需求中，第一、第二、第三层次属于低层次需求，第四、第五层次属于高层次需求。对大多数人来说，现实生活中的需求是多层次的，即每一层次都有需求，但由于条件的限制，这些需求只能得到部分满足。例如，不同收入群体对不同层次的需求有不同程度的渴望。

**（二）现代虚拟社会消费者的新需求**

马斯洛的需求层次理论可以解释虚拟市场中消费者的多种购买行为。然而，虚拟社会与现实社会存在着巨大的差异。马斯洛的需要层次理论需要不断补充。信息网络的发展构成了虚拟社会。这个社会表面上一直在收集信息和其他媒体资源，但本质上是在聚集人，因为这个虚拟社会提供了一个有吸引力的环境。这种环境的维持有赖于人与人之间的相互联系。从局部的角度看，人与人之间的联系只有一次，但从整体的角度看，单一的联系包含在广泛的联系中，从而形成了相互信任、相互理解的氛围。

1. 兴趣

人们的行为是由某种动机引起的，动机是维持一个人活动的根本原因。动机的本质是需求，但需求不等于动机，动机是具有一定特征的目标，即人们在与特定对象建立心理关系时成为行动的动机，具有实践的意义。

从心理学的角度看，兴趣具有很大的动机成分。许多人为了自己的利益而积极行动，当有几类可供选择的目标可以满足需求时，人们总是根据兴趣决定自己的选择。

2. 聚集

人类是群体性动物。在现代社会，随着工作强度的提高和工作范围的扩大，人们逐渐缺少交流，衰老的速度变得非常快。

虚拟社会能够聚集具有类似经历的人。这样的聚集不受时间和空间的限制，形成有意义的人际关系。例如，在网上设立一个癌症论坛，为癌症患者及其家属提供支持，参与者讨论他们应对疾病的方法，并就治疗方法、治疗效果和研究趋势交换信息。过去，他们可以从图书馆获得这些信息。

通过互联网聚集的团体是非常民主的，群体成员是平等的，每个成员可以独立表达意见。在现实社会中经常处于紧张状态的人们可以在虚拟社会中寻求解脱。

3. 沟通

网络用户的聚集产生了通信需求。例如，如果癌症患者想要建立一个小型虚拟社会，参与者可以免费提供信息，在这里，信息是一种交流过程，而不是一种交易。随着这个虚拟社会的扩大，以及大量的药品生产商和销售店的出现，原有的"原始共产主义"局面被摧毁。此时，纯粹的信息交流才是有价值的信息交流。这种信息交流对癌症患者、药品生产商和销售店也有好处，通过这样的交流，商家能够卖出更多的产品。信息从交换变成了交易，成为人们的现实需要。

随着这种信息交流频率的增加，交流的范围也在不断扩大，产生了示范效应，聚集了一些对产品和服务感兴趣的会员，形成了商品信息交易网络，即网络商品交易市场。这不仅是一个虚拟社会，更是一个先进的虚拟社会。在这个虚拟社会中，参与者大多有目的，话题集中在商品的质量、价格、库存量、新产品的种类等方面，他们交流的是商业信息和经验，从而尽可能占领市场，降低生产成本，提高劳动生产率。人们对于这种信息的需求，是无穷无尽的。这是电子商务快速发展的根本原因。

从事电子商务活动的网络营销人员所设计的营销方案，要使网络销售成功，不仅要考虑传统市场中顾客的各种需求，还要考虑网络用户的聚合、其关心的内容以及新的沟通需求。网站的设计可以激发顾客的兴趣，利用和谐的氛围和丰富的信息资源吸引顾客，通过完善的搜索手段和传播设计来充分交流信息，最终达到扩大销售的目的。

## 二、网络消费者的心理动机

网络消费者购买行为的心理动因主要体现在理性购买动机、情感购买动机和惠顾购买动机。

### （一）理性购买动机

购买动机是基于人们对网上商城所售商品的客观认识。网络购物者多为中青年，他们的分析判断能力强，理性购买动机是在反复比较各种网上商城的商品后产生的。他们知道要购买的商品的特性、性能和用途。

理性购买动机具有客观性、考虑性和控制性的特点，首先关注商品的先进性、科学性和质量，然后关注商品的经济性。

理性购买动机的形成基本上受理性控制，外部氛围对其影响较小。

### （二）情感购买动机

情感购买动机是由人的情感和感受引起的购买动机，分为低层次的情感购买动机和高层次的情感购买动机。

1. 低层次的情感购买动机

低层次的情感购买动机由喜欢、满足、快乐和好奇引起，一般是冲动和不稳定的。例如，消费者突然在网上发现一本好书、一款好的游戏软件或一款新产品，很容易产生冲动的情感购买动机。

2. 高层次的情感购买动机

高层次的情感购买动机源于人们的道德感、美感和群体意识，具有较大的稳定性和深刻性。

网上商城提供的异地销售和送货业务极大地促进了情感购买动机的形成，如通过网上商城为网友购买礼物、为外地的父母购买老年用品等。

（三）惠顾购买动机

惠顾购买动机是一种基于理性经验和情感的动机，它对特定的网站、图标广告和商品产生特殊的信任和偏好，并反复、习惯性地访问和购买，其形成经历了人的意志过程。

惠顾购买动机的产生原因是多种多样的，有的是因为搜索引擎的便利性、广告的醒目图标、网站内容的吸引力，有的是因为驰名商标的影响力和权威性，还有的是因为产品的质量在网上消费者心中建立了可靠的信誉。网络消费者在为自己设定购买目标时，首先要把购买目标放在心里，克服和消除其他同类产品在每次购买活动中的吸引力和干扰，按照预定的计划进行购买。有惠顾购买动机的网络消费者往往是某个网站的忠实访问者，不仅经常光顾这个网站，而且对很多网民有很大的宣传和影响作用，当企业的商品或服务出现故障时，他们可以理解并且会形成一套说服自己的说辞。

## 三、网络消费需求

随着网络商务的出现，消费观念、消费方式和消费者的地位发生了重要的变化。

### （一）消费的变化

1. 消费者主权的时代悄然降临

随着网络商务的发展，商品生产者、供应商和消费者之间的距离逐渐消失。另外，消费信息极其丰富，易于普及，易于消费者主权地位的提高。

2. 消费者开始基于信息的消费

在网络上，消费者很容易掌握丰富的信息，而且速度快，成本低，类比方便，消费行为有充分的信息基础，消费品质大幅提高。

3. 社会环境要求节约资源

在工业化社会，物质丰富的同时容易出现生产过剩和消费不足。合理的消费符合可持续发展的要求。造成这种变化的主要原因是企业对市场和消费者的迅速反应、虚拟商店零库存或低库存经营、中间阶段的减少、消费者和生产者直接沟通和互动。

**(二) 网络消费需求的特征**

消费观念、消费方式和消费者地位的变化使市场由卖方的垄断向买方的垄断进化，以消费者为中心的市场营销时代来临，消费者面临着更复杂的商品和品牌选择，其心理呈现出新的特征和倾向。

1. 个人消费回归

在过去漫长的历史中，工商业把消费者作为单一的个人服务，个性消费是主流。到了近代，工业化和标准化的生产方式使消费者的个性被大量的低成本、单一的产品埋没。在经济不足或几乎垄断的市场中，消费者的选择余地很小，其个性被压抑。但是，在市场经济发展的今天，产品的数量和种类丰富，消费者可以根据自己的心理愿望选择购买商品和服务。他们有更多的需求和变化。理论上，消费者的心理是完全不同的。各消费者是细分市场。心理认识成为消费者决定购买品牌和商品的前提，个人化消费再次成为消费的主流。

2. 消费需求不同

网络消费者来自世界各地，具有不同的民族、信仰和生活习惯，需求差异明显。这种差异带来了商业活动的不同。因此，从事网络营销的厂商必须认真考虑产品的构想、设计、制造、包装、运输、销售的差异，采取相应的方法和措施。

3. 消费欲望高涨

在社会分工和专业化的潮流下，消费者的风险意识随着选择的增加而加强。消费者在购买日用品，尤其是大型耐用消费品时，会通过各种渠道获取和分析商品的相关信息，从中获得心理平衡，降低购买风险和后悔的可能性，提高产品的可靠性和心理满足度。

强化消费主导权来源于现代社会不确定性的增加，以及人们追求心理安定和平衡的愿望。

4. 对购物便利的需求与对购物乐趣的追求并存

一些工作繁重、压力大的消费者，特别是需求和品牌选择相对稳定的日常消费者以购物方便为目标，追求节省时间和人力成本。还有一些消费者随着劳动生产率的提高有更多的时间可以支配，尤其是一些自由职业者和家庭主妇希望享受购物带来的快乐。这两种心理将在未来很长一段时间内并存。

5. 价格仍然是影响消费者心理的重要因素

市场工作者往往通过各种差异化来削弱消费者对价格的敏感度,避免恶性降价竞争,但价格总是对消费者心理产生重要影响。只要价格跌破消费者的心理极限,消费者就有可能改变购物原则。另外,消费者通过互联网与厂商进行谈判,有能力要求价格,这是过去单凭自己无法获得的,因此可以从企业向消费者诱导价格。

6. 网络消费仍然是分层的

网络消费是一种高级消费形式,其消费内容由低级到高级分为不同阶段。在传统的商业模式下,人们的需求一般由低到高逐步发展,只有满足了低层次的需求,才能产生高层次的需求。在网络消费中,人们的需求由高到低。在网络消费之初,消费者会关注精神产品的消费,如通过网上书店购买书籍,通过网上CD店购买CD。在网络消费的成熟阶段,消费者可以充分掌握网络消费的规律,在对网络购物有了一定的信任感之后,就可以从购买精神消费品转向购买日常消费品。

7. 网络消费的需求是跨领域的

在网络消费中,各阶层的消费有着密切的关系,需求之间存在交叉现象。比如,同一个订单,消费者可以同时购买最普通的日用品和昂贵的首饰,以满足自己的生理需求和尊重需求。网店可以收集大部分商品,在短时间内阅读各种商品,产生交叉采购需求。

8. 网络消费需求的先导与诱因

网络消费者的主流是具有一定超前意识的年轻人。他们对新事物很敏感,能够很快接受新事物。网络营销构成了世界的虚拟市场,在这个市场上,最先进的产品和最新的商品以最快的速度与消费者见面。具有创新意识的网络消费者必须迅速接受新产品。从事网络营销的厂商充分发挥自身优势,采取多种销售方式,激发网络消费者的新需求和购买兴趣,引导网络消费者将潜在需求转化为现实需求。

9. 女性在网络消费中起主导作用

女性在家庭消费中占主导地位,而使用网络的女性在家庭消费中占51.6%。女性个人消费主要用于购买化妆品、服装和保健品。同时,丈夫、孩子和父母的消费大多由女性承担。此外,女性在购买过程中有很强的自我意识,在购物时注意实用性、价格、品位和品牌。

## 第三节　新零售背景下网络购买存在的问题

### 一、网络消费整体性问题

#### (一) 网络消费发展不平衡

1. 地域分布

广州、深圳、杭州等城市是网络消费的主战场。2008—2019 年，城乡居民收入差距从 2.6 倍扩大到 3.2 倍，消费差距从 2.9 倍扩大到 3.6 倍。

2. 群体分布

根据 CNNIC 对网络购物的调查，高学历人群占网民总数量的比例高达 52%，远远超过整体网络用户的 31%。25~35 岁的中青年群体是网络消费的主力军，占交易量的 59%。

3. 公司分布

据艾瑞最新统计，2019 年第三季度，淘宝占中国 C2C（不含 B2C 商城销售）网购市场份额的 95%，天猫占 B2C 市场份额的 55%，两者都具有压倒性优势。

#### (二) 网络消费信用体系薄弱

1. 缺乏支付信用

消费者的网上购物主要采用第三方支付、银行汇款等支付方式，一些网络黑客在消费者付款时可以窃取其钱财和个人资料。此外，许多钓鱼网站还让消费者掏空腰包。

2. 企业信誉不好

消费者在选择购物商店时，通常把商店的信誉和用户的评价作为重要依据。然而，为了提高信用度和销售量，许多商店花钱赚信用、写评价、欺骗消费者。在商店的促销活动中，一些商品恶意涨价而不打折。

3. 物流信用差

据媒体报道，淘宝、腾讯、拍拍等网站均有消费者信息销售，涉及提供信息的快递公司包括圆通、顺丰、申通等大型民营公司，以及 DHL 等外资快递公司。泄露的快递号信息不仅在淘宝网上使用，还被用来伪造包裹进行诈骗等违法行为。

### （三）网络购物很难保护消费者的权益

1. 责任主体难以认定

在网上购物中，经营者只需在网上注册开业，不需要到工商部门注册。经营者的姓名、地址、联系方式等信息缺乏可靠性。

2. 消费者维权成本高

消费者购买到劣质商品后，因为维权耗费的时间和精力，放弃维权。特别是一些奢侈品没有"专箱验货"，也没有专门的检验机构，维权成本高。

3. 缺乏法律规范

《消费者权益保护法》《产品质量保护法》《反不正当竞争法》等一般性法律法规在处理网络纠纷时操作性不强。虽然近年来出台了多部电子商务法律法规，但网络的虚拟性给实施带来了巨大难度，许多网络经济诈骗难以寻根溯源，导致法规的法律效力不强。

### （四）网络消费服务业滞后

1. 网络拥堵

每年"双11"和"6·18"狂欢节购物期间，巨大的网络流量导致支付宝和网银支付系统处于系统繁忙或系统异常的状态，消费者对此无能为力。

2. 物流体系滞后

网络拥堵后，线下物流拥堵难觅踪影。物流公司和快递公司无法满足业务高峰的需求，客户无法及时收到购买的商品。

3. 售后服务比较晚

在网购投诉方面，送货慢、更换难、售后服务差是网购的主要问题。售后服务人员反应滞后且态度傲慢。有的快递员不能送货上门，有的快递员在不忙的时候要求收件人签收。

## 二、网络购物中存在的问题

### （一）诚信问题

在网络购物行业，不诚信和不遵守企业道德是一个亟待解决的问题。这种行为引起了消费者对网络购物的质疑，降低了消费者对网络购物的信心，给消费者的网络购物留下了阴影，间接影响了其他公司的利益。例如，某些淘宝店铺存在刷单行为，利用消费者从众的心理提升自己的生意。店铺消费者在进行购买决策时受到错误信息的影响，做出错误的购买决策，支付与商品的质量不相匹配的价格。

### （二）背景问题

我国电子商务产业起步晚，发展水平低，主要存在以下问题：
（1）发展战略、网络购物和商业领域存在技术壁垒；
（2）国内计算机信息网络运行存在质量问题；
（3）商业信息扩散率低、金融体系支持不足、金融体系不健全；
（4）社会信用体系不健全，导致管理体制不健全。

### （三）网络购物的支付安全问题

网络购物改变了传统的面对面的支付方式，而通过汇款、借记卡或信用卡进行线上支付。在利用银行卡通过第三方支付平台进行交易的过程中，消费者提供的银行卡信息或其他金融信息可能在传输过程中被犯罪分子获取。即使传输过程正常，支付信息也存在被公司滥用，或被黑客和贸易公司内部未经授权的员工窃取的风险。

支付方式的不确定性会影响消费者对购买方式的选择。

### （四）网民素质问题

随着电脑和智能手机的普及，人们可以在网上发表言论，进行经济行为，目前仍有许多平台实名制的落实不完善，为某些网民在网上进行投机倒把行为提供了方便，其具体表现如下。

#### 1. 虚假信息

用户在网上订购商品并支付货款后收不到货，甚至无法找到交易者。

#### 2. 商品质量难以保证，对原材料质量的认识不一

在电子商务中，消费者看不到公司，摸不着商品，在选购商品时，只能用眼睛观察，听别人介绍，获得的商品信息较少，因此，在接受商品或服务时，会发现商品的品牌或规格与预期不符，或者所选商品与实际获得的商品质量存在明显差异，难以对商品的质量产生信心。

#### 3. 售后服务

网上交易时，消费者只能从网站上获取产品信息。当出现货物不符合退换货要求时，网络商贩往往出于自身利益，以各种理由拒绝退货，消费者无法获得售后保障。而且，由于与公司缺乏直接沟通，一旦发生纠纷，网络商贩往往拒绝退货，尤其是在与外国公司发生商业纠纷的情况下，可能难以核实，严重影响网络

购物的推广应用。

4. 物流信息

网上可以解决大部分的信息流、商流、资金流等商品问题，但不能解决物流问题。在电子商务的发展过程中，物流问题能否有效解决在很大程度上决定了电子商务的发展空间。

5. 交货问题

网上商品送货服务有三种，即委托快递公司送货、特快专递和邮政投递。我国传统物流的现代化程度很低，仓储、运输、配送的分段体系给统一规划、快速送货上门带来很大困难。我国幅员辽阔，快递时间长、效率低、成本高。我国目前还没有专门为电子商务建立的大型仓储配送公司，货物无法及时送到客户手中，阻碍了网上购物的发展。

### 三、我国网络零售业存在的问题

2015年以来，电子商务用户增速放缓。能够接受电子商务的用户基本已经进入了电子商务的圈子，剩下的大多数用户由于习惯、地域、年龄等原因，需要时间接受网上购物，考虑到互联网的强大力量，大量厂商从线下转向线上，开始依赖商业电子商务（淘宝、天猫、京东等）、社交电子商务（微店、代购、微商等）和内容电子商务（微信、IP系统、直播电子商务等）销售商品。

卖家比买家增长快，导致电子商务获取潜在客户的成本，即"流动成本"越来越高。电子商务在互联网上开展业务的难度越来越大，互联网流量的红利正在迅速消失。

1. 立法

我国的电子商务缺乏系统的规章制度来驱动和制约，网络产业起步较晚，但发展非常迅速。随着网民数量的增加和网上交易规模的扩大，由于缺乏系统规范的制度来规范网上购物，使得一些网上零售商欺骗消费者。网购7天内无理由退货是网络零售行业规范化的重要举措。

每年，网上交易都被欺骗，这会导致人们拒绝网上购物。因此，我国的法律法规应该逐步渗透其中。零售商和消费者应该有明确的权利和义务。网络购物市场体系的规范化，有利于我国网络销售行业的健康有序发展。

2. 物流

物流快递业的出现与我国电子商务的发展相互促进。电子商务为物流快递业的快速发展注入了活力，物流快递业的发展也推动了电子商务的发展。消费者可以期望他们在网上购买的所有东西都能送到家里。网店在选择物流和快递公司时，需要综合评价公司的服务体系、价格和服务。在配送过程中，一些物流和快递公司不能在规定时间内将货物送达消费者手中，不仅耽误了消费者的时间，也影响了卖家的诚信，还有一些快递供应商私自拆开包裹，偷换商品，给消费者造成损失。

快递信息公开的问题是由我国物流业的粗放发展引起的，需要规范的管理和相应的法律法规，对整个行业进行重新设计。

3. 信用问题

在网络购物中，信用在消费者心中非常重要。中国的信用体系还不完善，网上零售 B2C 网站是一种网上商店对个人的电子商务模式。在线交易时，买方付款后卖方才发货，这是基于网站的信用担保的。在这个过程中买方需要对卖方和平台第三方有绝对的信任。网站能不能按照正常的承诺进行交易，卖方是否存在失信行为，需要消费者协会、工商行政管理部门等对其进行监督。

货到付款时，涉及消费者信用的问题，即让卖方信任并发货。

影响消费者对互联网信任的因素很多。除了技术之外，道德、政策状况和企业信用对消费者是否信任网络购物也有很大的影响。

4. 支付系统

电子商务的发展面临着消费者购买后如何安全付款、卖家如何收到货款的问题。如果货币交易直接在互联网上进行，就必须与金融系统联网，通过银行渠道完成整个交易。

随着科技的进步，支付宝钱包、微信支付等支付方式的出现，推动了网络购物的发展，但也出现了消费者隐私和信息泄露的问题。现在大多数用户的手机号码和银行卡绑定在一起，其中一个出现问题，就可能造成不可估量的损失。

便利性和安全性是目前制约网络消费最重要的问题。

# 第四章

## 消费者网络购买意愿的影响因素

# 第四章 消费者网络购买意愿的影响因素

随着互联网的普及以及网上银行和现代物流业的发展，网络购物呈现快速发展的趋势，在经济社会生活中的地位日益凸显，逐渐成为大众化的消费模式，改变着消费者的行为和观念。

经济、社会、政策、消费者自身等因素都会影响消费者的网络购买意愿。

## 第一节 经济因素

经济因素是指影响企业营销活动的一个国家或地区的宏观经济状况，主要包括经济发展状况、经济结构、居民收入、消费者结构等。

### 一、经济因素概述

#### （一）经济因素的组成

从宏观上看，生产决定消费，包括消费的对象、方式、内容与质量，同时为消费提供动力。从微观上看，影响消费的基础性因素是收入水平，包括当前收入、未来收入、收入差距水平、消费心理与消费观念等。

提高消费对经济增长的拉动力，从根本上，要发展生产、发展经济、增加就业、稳定经济增长，持续增加居民收入，同时注重社会公平，缩小收入差距。

市场是由有购买想法和购买能力的人组成的。在中国，C2C 网络购物模式虽然在网络购物中所占的比重仍然很大，但随着经济的发展和消费心理的成熟，C2C 用户逐渐向 B2C 转移。

1. 商品价格

商品价格是影响消费者购买行为的直接因素，商品价格过高时，消费者可能会放弃网购；当商品价格过低时，消费者会对商品的质量和性能产生不信任。

2. 商品质量

在网络购物过程中，消费者无法用感官等客观指标来判断商品的质量，只能根据产品图片、包装、视频、客户服务描述及其他买家的评价，决定自己对产品的理解。消费者的满意度和期望值都直接来自商品的质量。

#### （二）网络购物

网络购物简化了购物过程，节省了时间和精力，减少了购物过程中的麻烦，不仅能满足实际的购物需求，还能为消费者提供传统商店所不具备的大量信息和乐趣。

网络购物可以更便利地实现货比三家，消费者的选择成本更低。消费者在网络购物时会比较商品的价格（包括邮费），在短时间内与多个卖家进行谈判，从而决定购买意向。因此，价格偏好程度对消费者的网络购物意愿影响较大。

## 二、影响消费的经济因素

影响消费的因素就是影响需求的因素。需求是消费者在一定价格水平下想要购买的商品或服务的数量需要，包括购买欲望和购买能力两个条件。从社会宏观角度看，一定时期的社会消费需求主要取决于一定时期的价格水平和居民收入水平。人们的购买欲望和购买力由物价水平和收入水平决定。

### （一）收入水平

收入是决定消费的最重要因素。经济学使用消费函数表达收入与消费的依赖关系。在其他条件不变的情况下，消费随着收入的变化而向同一方向变化，即收入增加时消费增加，收入减少时消费减少。

另外，消费者偏好对消费者需求有影响。它是消费者对某些事物的偏好和爱好。消费者对某些商品非常偏爱，这种商品的需求量就大。如果消费者对某种商品没有偏好或厌恶某种商品，则没有需求或需求很少。

考察收入水平对消费的影响，需要考虑政府收入分配政策和社会保障制度的作用。工资性收入不是消费者可以自由支配的收入，这部分收入还需要依法缴纳个人所得税、社会保险费等，同时，职工和居民还享有社会福利、社会救助、社会救济、社会保险和商业保险收入。即使物价和工资保持不变，居民的可支配收入也会发生变化。影响人们消费需求水平的不是劳动者的收入，而是可支配收入。

可支配收入对消费水平的影响不仅包括当前收入的影响，也包括未来收入预期的影响。正如价格预期影响需求一样，收入预测也影响人们的消费需求，这是心理因素对消费的影响。如果人们对未来的收入持乐观态度，则会减少储蓄，增加消费；如果消费者对未来的收入预期不理想，则会增加储蓄，减少消费。

收入水平对消费水平的影响体现了社会收入差距对消费的影响。西方经济学认为，居民收入与消费需求之间存在着消费倾向递减的规律。也就是说，当人们的收入达到一定水平时，随着收入的增加，消费趋于减少。此时，政府通过增加居民收入刺激消费增长的办法效果不佳。但是，如果政府选择增加低收入阶层的收入，就会增加有效需求，提高社会消费水平。因此，如果社会收入差距较大，提高低收入者的收入水平，将有助于解决他们的生活困难，提高他们的生活水

# 第四章 消费者网络购买意愿的影响因素

平，增加社会的有效需求，促进消费。

### （二）物价水平

物价水平是影响消费水平的一个重要而直接的因素。从社会宏观角度看，价格因素对消费需求的影响主要是一定时期内在其他因素（主要是收入水平）不变的情况下，物价水平越高，社会消费水平越低；物价水平越低，消费水平就越高。因为当人们的收入不变时，物价越高，货币的购买力就越低；物价越低，货币的购买力就越高。也就是说，货币的购买力与物价水平成反比，人们的消费水平与货币的购买力成正比。

一定时期的物价水平用物价指数来表示。物价指数是当前物价水平与基本物价水平的比值，用来反映物价的涨跌。消费价格指数反映消费品的价格水平。消费价格指数（Consumer Price Index，CPI）俗称零售价格指数或生活成本指数，是报告期内基本商品和服务价格水平与物价水平的比值，反映一国居民消费品和服务价格的涨跌，是通货膨胀水平的重要指标之一。如果消费价格指数在一年内上升2%，生活成本将上升2%。生活成本越高，货币的购买力就越低。物价总体基本稳定对保持和提高消费者生活水平及社会消费水平十分重要。

## 第二节 社会因素

社会因素是指市场营销、外界环境、社会文化、社会关联团体、消费方式等，它们影响着消费者购物态度的形成和变化。

### 一、市场营销

与消费者购物行为直接相关的营销要素包括产品、价格、销售渠道、促销、广告、支付方式等，下面分析网络广告、支付方式和网络营销服务对消费者网络购物的影响。

1. 网络广告

与电视、广播、报纸、杂志等广告形式相比，网络广告具有传播范围广、互惠性强、客观性强、受众数量统计准确、实时性强、灵活性强、成本低、功能性强等优点。随着我国网络广告市场的发展，广告从横幅、按钮、邮件列表、插页、互动游戏等传统形式发展到搜索引擎竞价广告和公告式网络广告形式。

购物网站的界面对于宣传非常重要。网站界面设计包括页面颜色、文字信息、图像配置、企业信息等，页面布局会影响消费者对企业的感知。优质企业和专卖店利用网站界面为消费者展示商品和服务，利用宣传视频和海报提升企业形象，细化产品照片吸引消费者的眼球，增加消费者的购买欲望。

网站设计的合理性、内容的新颖性，以及网站的特色会直接影响消费者的网络购物行为。

2. 支付方式

消费者在网上购物时，需要先付款。因此，网上支付的安全性是消费者购物的重要因素。目前，网络营销人员通常采用货到付款的业务流程或者第三方结算方式，消除消费者网购的后顾之忧。

随着大数据时代的到来和第三方支付工具的使用，个人信息安全成为消费者关注的重要问题。网络欺诈和信息泄露会降低消费者对购物平台的信任，对消费者的网络购物体验产生负面影响。网购支付的便利性较高，但大部分消费者对支付信息的保护不满意。

作为支付的一部分，除了资金的安全性和交易的便利性外，避免个人信息泄露也是提升消费者网络购物信心的重要因素。

3. 网络营销服务

网络营销服务以确保顾客满意为根本目的和核心要求，因此，网络营销人员需要在网上做好售前、售中和售后服务。网络营销的售前服务主要为顾客提供各种信息，包括产品的价格、性能、购买须知、产品中包含的服务、产品说明书等；售中服务主要了解订单的执行、商品的运输等情况；售后服务分为两种。一种是基本的售后服务，包括产品运输、更换、退货、赔偿、投诉等；另一种是在线产品的支持和技术服务。

京东商城、阿里巴巴等电子商务企业正在建立自己的物流配送系统，可以在短时间内将商品送到消费者手中，吸引更多的网络消费者。

在网上购物的过程中，客户服务和快递人员分别与消费者接触。因此，客户服务的态度、专业性、效率及快递服务的态度会影响消费者对网上购物的满意度。网上购物包括网上预约和快递物流，物流的速度和商品的配送速度会影响消费者的心理获得感。一般来说，速度越快，消费者的心理获得感越强，购物体验就越好。反之，消费者的购物体验越差。

购物的便捷性是网购消费者思考的重要因素，购物网站的注册流程要做到简单、方便。

## 二、外界环境

网络消费者生活在一定的社会环境中，与其他社会成员、群体和组织有直接或间接的接触，其心理和行为会受到社会环境的制约。

文化对人有很大的影响。人们购物的行为根据当地的社会文化环境而不同。现在，网络已经进入了我们的生活，不仅影响了我们的社会文化，而且形成了自己的文化。网络消除了国界、人与人之间的距离。网络文化的发展给人们提供了丰富多彩的生活方式和行为方式，但网络上的行为几乎是匿名的，这引起了人们对网络的不信任。网络实名制的实施大大推动了网络信用的过程，如在淘宝上的实名制和微博上的实名制。

## 三、社会文化

文化是人类在长期生活实践中形成的价值观、道德观念及其他行动准则和生活习惯。如果不研究消费者的文化背景，很有可能导致市场活动的失败。

文化包括一些较小的群体或亚文化群。他们用特定的共鸣感和影响力将成员结合在一起，形成特定的价值观、生活方式和行动方式。

亚文化群有很多不同的类型，购买行为最显著的主要如下：

1. 民族的亚文化团体

例如，中国除了人口最多的汉族以外，还有几十个少数民族。他们在食物、服饰、娱乐等方面仍然保留着各自民族的传统情趣和喜好。

2. 宗教亚文化团体

在我国，佛教、伊斯兰教、天主教等同时存在。他们特有的信仰、偏爱、禁忌在购买行为和购买种类上有很多特征。

3. 地理亚洲文化群

例如，在中国华南地区和西北地区，或者沿海地区和内地较偏远的地区，由于生活方式不同，购买行为也有很大的不同。

## 四、社会关联团体

关联团体是直接或间接影响消费者态度和购买行为的组织、团体和人群等。消费者作为社会人，在日常生活中，经常和家庭、学校、工作单位、邻居、社会团体等联系。

1. 家庭的影响

家庭是消费者最基本的关联集团，家庭成员对消费者的购买行为的影响明显是最强的。现在很多市场营销人员正在研究不同家庭成员，如丈夫、妻子、孩子在购买商品时所起的作用和影响。一般来说，夫妻购买的参与度因产品而异。妻子一般是家庭的采购员，食物、衣服和日常用品通常由妻子负责。但是，随着女性事业心的加强，男性参与家庭和家务劳动的风气逐渐形成，生产基本生活消费品的企业如果认为女性是唯一的产品购买者，那么市场营销的决定将会带来很大的失误。当然，在家庭的购买活动中，这个决定并不总是由丈夫和妻子单方面决定的，实际上也有高价的东西和不怎么买的东西。

2. 其他关联团体的影响

亲戚、朋友、同学、同事、邻居等也是影响消费者购买行为的重要关联团体。这些相关人员是消费者经常接触、关系密切的人，因为经常一起学习、工作、聊天，所以消费者在购买商品的时候会受到这些人对商品评价的影响，有时甚至是决定性的影响。

消费者在决定购买的过程中，购买商品的行为不是突然发生的，而是在购买行为发生之前就进行的思维活动和行为。消费者会研究商品的性能，考虑商品是否能够满足自己的需要。

企业需要了解消费者完整的购买决定过程，制定一些战略来满足消费者的需求。

## 五、消费方式

"双十一"已经成为全民消费的社会现象，反映了消费升级和生活方式变化的需要。消费升级的过程一般经过必要消费、品牌消费、高端或奢侈品消费几个阶段。人们的消费观念是物质需求和精神需求的结合。因此，网购能否满足消费者的需求将直接影响消费者对网络平台的选择。

1. 性别

在网络消费中男性自主性强，重视商品价格、品质和性能，属于理性购买；女性则更关注他人的意见，属于感性购买。

2. 年龄

大部分的网络用户是年轻人，其具有活泼、冲动、好奇的特点，他们喜欢追求时尚，展现自己独特的个性。

3. 教育程度

大多数网民都接受过高等教育，收入处于社会的中上等水平，容易接受网上购物的概念和方法。

4. 心理因素

心理因素是影响消费者选择网络购物的重要因素。引导消费者的需求，交互个性的消费模式，不仅能满足消费者购物的便利需求，还能满足以价格为导向的消费者需求。

网络营销人员应该根据用户类型采取不同的营销方式。例如，一个好奇心强的购买者，只有在网上购物留下好印象，才会对网上购物产生兴趣。

## 六、其他社会因素

### （一）商品属性

商品属性包括相对价格、脆弱性等因素。消费者更喜欢在网上购买价格较低、消费量较小的商品（如书籍、服装等），而在实体店购买数量大、价格高、运输要求高的商品（如笔记本电脑、高级相机等），因此，商品属性对消费者的购买意愿有着重要的影响。

### （二）服务质量

服务质量是消费者在网上购物过程中所感受到的服务水平。网上购物通过提供丰富、及时、准确的商品信息和服务来吸引和促进消费者。

良好的售前和售后服务，不仅可以消除消费者的不信任，还可以给消费者带来良好的购物体验，促进消费者的购买决策，是吸引消费者再次购买的重要原因。

### （三）物流

网上购物的空间距离会影响商品能否及时、安全、准确地送达消费者手中，从而影响消费者的购买决定。

### （四）需求

个人倾向是网络消费者的个人属性，是对新技术和新事物的追求。不同的消费群体对各种新产品的需求大相径庭，如大学生愿意接受新的购物方式和生活方式。

随着市场经济的发展，商品的数量和种类极为丰富。人们可以根据自己的需求选择商品和服务。人们选择商品的条件不仅关注商品的使用价值，更注重个性化消费。现在，互联网用户主要是年轻人和受过高等教育的人，他们有自己的观点、想法和判断能力。网络消费者对产品和服务的具体要求越来越独特、多变和个性化。他们喜欢购买新产品和时尚产品。这些产品在当地传统市场很难买到，由此显示出自己的个性和与众不同的品位。

随着互联网的发展和普及，我国网民数量已突破9亿人，网络商务产业也在高速发展，网民的网络购物需求不断增加。过去，网民在网上购物时会购买一些价廉物美的商品，但到目前为止，网购产品已逐渐成为人们日常生活中的热门商品。

网络消费者的需求是影响网络购物发展的重要因素。随着网络购物市场竞争的日益激烈，越来越多的商家开始重视品牌建设，通过开设线下商店和连锁店来扩大知名度，许多小企业对网络品牌越来越抵触。由于网络购物市场的巨大潜力，许多传统企业纷纷进入网络购物市场。淘宝官方表示，目前淘宝的业务已经从原来的个人卖家转变为现代和传统的业务。

网络消费者注重个性化消费，由于时代和环境的不同，不同的网络消费者有着不同的需求。在网络消费市场，消费者的决策时间短，消费需求差异大，购买量大，但每次购买的金额相对较小，购买的流动性大，商品替代性强，需求弹性大。

**（五）其他消费者的引导**

消费导向是指网站通过创造或使用具有较强社会影响力的商品，来引导或影响消费者的购买决策，其实质是一种口碑营销。互联网迅速发展成为一个虚拟社区，与现实中的社会关系一样，消费者在网上购物时也会受到各方面的影响，一般公司采用的营销方式有消费者推荐、专家推荐产品热销等，购物论坛和留言评价也是向消费者展示其他消费者使用后的反馈并起到引导作用。

1. 好评率

由于缺乏对商品的直接感知，好评率会直接影响消费者对商品的选择，很多企业会消除负面评价，或者通过专门的机构来提升好评率，误导消费者做出购买决策，这会导致消费者对购物平台的不满，对网上购物体验产生负面影响。

2. 用户评论

从用户潜在的网购意识到购物结束，用户评论对用户了解、熟悉产品并做出购买决策的影响越来越大。

因此，交易者和购物网站应该意识到人际沟通在网络购物决策过程中的重要作用，做到以下两点：

（1）细化用户评论，提高信息内容，吸引用户评论；

（2）加强购物后用户体验服务体系建设，针对产品类别开发差异化营销工具，提高营利能力。

3. 公司声誉

公司声誉是影响用户网购决策的主要因素，售后服务和用户评论是网民关注的焦点。艾瑞咨询认为，一般来说，网民网购决策最重要的因素是公司的声誉，这取决于用户的个人体验和用户的良好声誉，消费者在网购中获得的高度自信是网民购买决策的关键，而用户的评论则成为传递信心的纽带。

近70%的网购消费者使用用户评论来帮助形成购买决策，口碑一致性是指消费者在交易和购买过程中的非正式沟通，主要采取购物网站和主流 BBS 提供的评论形式，口碑在影响潜在消费者购买意愿方面起着重要作用，网络购物环境是一个高度不确定的环境，消费者无法亲自触摸目标产品，很难体验到产品的品质，往往是根据他人的评论形成自己的判断，因此，口碑在网络购物中显得尤为重要。

### （六）网红直播营销

在网红直播营销过程中，高品质的内容、网络主播的个人魅力、信任度和高度的互动性对消费者的认知态度有着积极而直接的影响，能够促使消费者做出购买意愿。

### （七）特殊节日

一些大型电子商务网站通常利用特殊节日开展大规模的打折促销活动，以增加销售量和经济利润。

近几年来，"双十一"网购节的销售额逐年提高，对人们的生活方式和习惯都产生了较大的影响。"双十一"电子商务节具有与别的节日显著不同的特点，比如网购时间紧迫、网购气氛强烈、网购人数众多、网购话题新潮等特点。

消费者对不同节假日促销活动的认知度会显著影响其购买意愿。消费者在结束购物后所得到的网购结果，以及在大脑中形成的经验和反馈，会影响下一次的购买意愿和行为。在"双十一"促销购物节时，消费者容易产生冲动性购物行为。

## 第三节　制度因素

### 一、网络购物平台的法律责任

2013 年出台的《关于修改〈中华人民共和国消费者权益保护法〉的决定》（第二次修改）第 44 条使用了"网络交易平台提供者"的概念，规定了其法律责任的三种具体情形。

(1) 网络交易平台提供者未提供销售者或服务者的名称、地址和有效联系方式的，消费者可以向网络交易平台提供者索赔；

(2) 网络交易平台提供者作出更有利于消费者的承诺，应当履行承诺。网络交易平台提供者赔偿后，有权向销售者或服务者追偿。

(3) 网络交易平台提供者明知或者应知销售者或者服务者利用其平台侵害消费者合法权益，未采取必要措施的，应当依法与该销售者、服务者承担连带责任。

网络交易平台的责任应该详细分析，而不是机械管理。当消费者声称网络交易平台未提供真实有效的联系方式时，网上交易平台应当提供证据证明所提供信息的真实性和有效性。由于没有任何组织可以实时监控公民的各种信息，如果卖家不继续在平台上操作，在线交易平台在发生纠纷时不需要向运营商提供有效的联系方式，网络交易平台的责任不应增加。

### 二、退货政策

（1）退货政策对服装消费者的购买行为有着显著的影响。与退货期限相比，退货成本和退货操作会对消费者的购买行为产生很大影响。

（2）退货政策会对消费者的感知风险、感知公平、感知质量产生影响，从而影响消费者的购买行为。

（3）实证结果验证了消费者心理感知的中介效应，感知风险是完全中介效应，感知的公平性和感知的质量是一部分中介效应，即退货政策作为外部刺激会影响消费者的心理感知，从而影响消费者的购买行为。

## 第四节　消费者自身因素

### 一、消费者自身因素的组成

消费者的购买行为受到自身因素的影响，主要包括以下几个方面。

1. 消费者的经济状况

消费者的经济状况指其收入、储蓄、资产及贷款能力。消费者的经济地位影响其消费水平和消费范围，决定消费者的需求水平和购买力。如果消费者的经济状况好，则可能有更高的需求，购买更高级的商品，享受更高水平的消费；如果消费者的经济状况不好，则只能满足衣食住行等基本的生活需求。

2. 消费者的职业和地位

不同职业的消费者对商品有不同的需求和兴趣。消费者地位的不同也会影响其消费。地位高的消费者往往会购买更先进的产品，显示自己的身份和地位。

3. 消费者的年龄

消费者对产品的需求随着年龄的增长而变化，在不同的生命阶段，需要不同的产品，如婴儿期需要婴儿食品、玩具等，老年人需要更多的健康商品。

4. 消费者的性别

根据性别不同，消费者也有不同的购买行为，如男性消费者喜欢购买香烟和酒，女性消费者喜欢购买衣服和化妆品。

5. 消费者的性格

人格是个人独特的心理素质，通常被描绘为强弱、热情、偏执、外向、内向、创造性或保守。不同性格的消费者有不同的购买行为。

## 二、新零售背景下消费者的购买决策过程

新零售背景下消费者的购买决策过程可分为需求识别、信息搜索、评价与选择、购买决策和购买后的评价五个阶段。

### （一）需求识别

需求识别是消费者购买决策的第一阶段。在这个阶段，消费者意识到他们的即时状态和理想状态之间的差距，想要缩小差距。许多因素可以使人们意识到他们的需要。当人们看到冰箱空了，就会买蔬菜、水果、饮料等；空的酱油瓶、醋瓶会让人意识到自己需要一瓶新的酱油、醋。

很多因素可以刺激人们的需求意识，营销企业可以通过广告刺激消费者们对新产品的需求，使其放弃老产品或者已经没有市场竞争力的产品。

### （二）信息搜索

消费者经过信息搜索实现了自己的需求，会自动进入另一个阶段的购买决策过程。对于反复购买的商品，消费者通过之前的搜索已经掌握了所需的信息，会跨过信息搜索的阶段。对于消费者来说，产品越贵，消费者对信息搜索的关注度就越高。

消费者获取信息的渠道包括个人信息来源、公共资源和商品来源。

1. 个人信息来源

亲戚朋友是典型的个人信息来源。在与亲友的交谈中，消费者会得到商品的知识和信息。一部分消费者喜欢接受别人的建议和购物指南。

2. 公共资源

公共资源的范围非常广泛，可以是政府或其他组织的奖励、报刊上的产品评论和介绍、广播电视台播放的商品节目。

3. 商品来源

商品来源包括产品广告、销售人员介绍、店面展示或产品包装说明等，但有时这些渠道与消费者信息存在先天性偏差。消费者可以同意或相信，也可以根据自己的经验提出问题或其他意见。

## （三）评价与选择

品牌子集是消费者在一定范围内按照一定标准制作的商品品牌。评价和选择只在消费者的品牌子集中进行，不包括产品的所有品牌。

在消费者评价和选择的标准中，通常有一个主要因素推动消费者的决策，该因素就是决定性因素。由于商品类型和消费者的感受、生活方式、态度、需求等因素的不同，决定性因素也不同。例如，当一家公司的高管想买一块与其地位相称的手表时，品牌是他评价和选择的决定性因素；一个喜欢吃辣椒的消费者买零食，辛辣的食物是他的首选，品牌则不是他最关心的。当有一个以上的决定性因素时，可以是两个同等重要的因素。

对于企业来说，使一种商品具有独特性并不是全部工作。重要的是，这一特点必须与消费者购买的决定性因素相结合，才能吸引消费者，满足他们的迫切需求。事实上，这一理念已经被很多企业所采用，迎合消费者决定性因素的产品功能在广告中不断提升，如洗涤剂的清洁性、卫生巾的防侧漏、集成录像机的便利性及抗过敏药物的无失眠特性。

## （四）购买决策

消费者通过搜索信息对产品进行评价和选择后做出购买决策。消费者可能因为在评估和选择过程中出现问题而推迟或取消购买决定。此时，消费者的购买决策过程处于停滞状态。参与营销的企业不可能对消费者的购买决策做任何工作，因为消费者一旦做出购买决策，剩下的就是在商店或其他地方完成交易，即付款、提货或安排送货地点。

## （五）购买后的评价

购买后的评价发生在消费者购买商品后，在这个阶段，消费者购买决策过程并没有结束。在商品的初始使用过程中，消费者在购买商品前会根据自己的期望对所购买的商品进行检查和评估。

消费者的期望和购买的产品之间的差异是双向的，双向差异的纠正主要由营销企业进行。如确认是否有产品说明给消费者正确的引导，广告内容是否不符合现实，产品制造是否存在缺陷导致影响产品使用。另一方面，对于技术要求高的产品，企业对消费者进行专业的指导和培训非常重要，这一点被许多计算机公司和软件公司所采用，并纳入售后服务中。

了解影响消费者网络购物的主要因素，对于促进网络购物的健康发展、提高现代服务业的发展水平具有重要作用。

# 第五章

## 消费者购买意愿数据获取及数据分析

# 第五章　消费者购买意愿数据获取及数据分析

## 第一节　消费者购买意愿的影响因素

### 一、物流服务质量

物流服务的质量是影响消费者满意度和忠诚度的重要因素。物流服务质量的提高会提升消费者的满意度和信任度，使消费者产生忠诚感和消费欲望。

在物流服务中，配送服务质量、信息处理质量、人员服务质量和差错处理质量对消费者的消费意愿有显著影响。在商品运输配送过程中，消费者对物流服务的兴趣更为明显。高效的运输方式、实时的订单状态、准确的物流信息、愉快的收货体验可以提高消费者满意度，促进消费者的消费决策。与物流人员的接触主要发生在收货过程中。错误处理对消费者消费决策有显著影响。网上所购物品通过物流送达消费者手中后，消费者会感受到商品是否符合要求。

退换货保护和利益补偿可以有效降低购物决策风险。这是决定消费者满意度的重要因素。同时，在网购消费者决策过程中，消费者感知物流服务的质量，并形成基本印象，印象愉快的物流服务体验能够增加消费者对企业的满意度，产生信任感。消费者认可企业，会与他人分享服务信息和自己的购物体验。良好的评价将为后来的消费者提供良好的信息，引导潜在消费者。

新零售的特点之一是就近发货，物流的服务质量、时效性相比传统的电子商务有了进一步提升。

### 二、场景体验服务

用户体验的概念始于人机交互设计领域。用户体验从产品构造、功能质量、用户情感需求的角度研究交互技术，是对交互设计的延伸。

20世纪90年代，美国工业设计家唐纳德·诺曼提出了用户体验理论，用户体验一词逐渐被人们所广泛认知。在零售领域，用户体验被细化为消费者体验。在传统的零售模式中，消费者去线下实体店铺进行消费购物，可以通过观察、触摸、聆听等方式直接地感受产品，增加对产品的体验，因此传统线下零售店铺可以给消费者带来直接的场景化服务体验。但是到店购物的消费方式限制了消费行为，消费者必须在有时间、有精力的情况下进行线下购物，这在一定程度上破坏了消费者的购物热情。

电子商务的出现使消费者可以随时随地通过线上购物平台来进行购物，为消费者提供便捷的服务，但消费者在进行线上购物时无法通过直接接触来感受产品的性能，只能通过网络平台提供的产品信息来间接了解产品，这会增加消费者的购买顾虑。与此同时，随着生活水平的不断改善，消费者的消费观念从重视商品的实惠便利转变为重视购物体验与消费价值。

新零售强调场景创新与消费者体验，即以消费者体验为核心，利用人工智能、大数据、云计算等技术，构建全新的购物场景，使消费者在场景中感受产品或服务所传递的价值，进而促进消费者满意。新零售的场景体验服务不是单纯地设计某个营销场景来吸引消费者的目光，而是更注重为消费者提供一个既能满足客观消费需求又能满足心理情感需求的场景。新零售的核心是提升用户体验，提供更大范围的体验式消费服务，实现消费场景化。传统零售强调产品、功能、价格和场地，而新零售强调生活、体验、服务和场景。

### 三、网络口碑

网络口碑通过文字、照片、视频等形式，利用互联网发布和分享自己成功的消费体验，它是向他人推荐店铺、产品、品牌或服务的行为。

网络口碑的形式多种多样，包括在线评论、在线论坛、电子邮件、聊天室、微博、微信、朋友圈等，其中，在线评论是网络口碑中最重要、最常见的渠道和形式，包括文字注释、图片评论、评分或评级等。

正面网络口碑影响消费者的购买意愿，并对消费者满意的消费体验、网上发布的产品和服务给予正面评价，是消费者在网上购买优秀商品和服务并与他人分享的满足感。受正面网络口碑影响的消费者的购买频率是不受正面网络口碑影响的消费者的两倍以上。通常认为正面网络口碑是非官方传播，消费者利用网络平台发布文字、图像、音视频等，对特定产品和服务进行非商业性沟通。

积极的网络口碑能够促进消费者购买商品及与商家进行交流的欲望。

### 四、网络感知风险

感知风险的构成是指感知风险的内容，也称类型或维度。

消费者决定购买时，主要面临四种风险，分别是经济风险、身体风险、时间风险和心理风险。网络购物则存在五种感知风险，即经济感知风险、社会感知风险、功能感知风险、个人风险和隐私感知风险。例如，消费者的信用卡密码被盗

# 第五章 消费者购买意愿数据获取及数据分析

时,可能遭受损失,同时在购买产品时可能出现时间和精力的不确定损失。

感知风险被应用于信息系统,预测消费者对信息系统服务的接受程度,包括心理风险、社会风险、功能风险、隐私风险、经济风险和时间风险。

平台降低消费者风险感知可以提高平台的信誉和信用,树立良好的品牌形象、服务品质和管理能力等。

(1) 卖家信用对 C2C 电子商务消费者感知风险有正向影响。

(2) 网络零售商的品牌形象、销售管理能力、技术安全、服务质量等因素与网络消费者的感知风险呈负相关。

(3) 价格的高低直接影响消费者的财务风险。

(4) 产品标准化程度对经济性、功能性、私密性、时间性、服务性和心理风险有显著影响。

(5) 产品价格水平对网络购物的经济风险、隐私风险、社会风险、服务风险和心理风险有显著影响。

(6) 在网络环境下,产品品牌意识会影响消费者的感知风险,对网络购物的物理风险有显著影响,会根据产品的感知风险而变化。

平台的感知风险取决于消费者感知到的平台安全性。平台感知风险越小,安全性越高,消费者越容易在平台上产生购物消费。

## 五、平台服务质量

在新零售时代,消费者越来越重视服务。产品战略包括服务商品战略、实物商品战略和信息产品战略。许多企业已发展成为一对一的服务,根据客户的要求定制。

企业改变管理模式和业务流程后,可以利用互联网的低成本优势,满足消费者一对一的服务需求,实现灵活的服务。

售前信息服务、销售付款服务和售后服务贯穿购物过程,服务态度在销售行业非常重要。客户服务是通过营销渠道向客户提供售前、售中、售后服务,以满足客户需求的全过程。

客户满意是评价客户服务质量的重要标准。客户满意度越高,再次消费的概率越大。

网络客服手段有常见问题解答、网络社区、电子邮件、在线表单、网络客服中心、定制化服务等。网络环境下的客户服务是对传统销售方式的一大变革。服务营销的核心是满足顾客的需求。互联网的出现在一定程度上增强了消费者的主导地位,而不是被动地接受信息。它可以提供良好的客户服务,降低成本,了解消费者的个性化需求，提高订单的转化率，促进消费。

客户服务战略是一种营销战略。在互联网商业环境下，个性化服务策略包括网站个性化设计策略、产品定制策略和信息个性化服务策略。

平台服务质量的提升可以进一步协调企业和消费者的利益，满足消费者的需求，提高产品的价值，开拓新的市场机遇，提高客户满意度和忠诚度，提高企业竞争力。

### 六、政策因素

投资、消费和出口是促进经济增长的三大驱动因素。随着经济增长，消费需求被满足。但在当前形势下，受投资信托理念和金融政策的影响，我国还存在着国民消费意识淡薄、消费需求不足等问题，这导致消费需求在 GDP 中的占比偏低，增长缓慢。

居民的消费需求会受到政策因素的影响，当银行采取紧缩的货币政策时，利率提高，居民消费意愿就会下降；反之，居民的消费意愿上升。同时，新零售相关政策的出台也会影响一部分消费者的消费情况。

## 第二节 消费者购买意愿数据的有效性分析

在验证理论假设进行实证分析之前，需要确认收集的数据是否满足实证分析的基本要求，判断样本数据是否满足特定组的基本特性和以往的数据分布状况，并且通过可靠度分析和效率分析判断问卷项目设定的合理性。可靠度分析表示各项目测量结果的稳定性和一致性，效果表示评价结果的精度和有效性。

### 一、样本特征分析

本书主要对受访者的性别及年龄分布进行样本特征分析，并与官方发布的数据进行对比，以判断样本的合理性。

（1）性别分布借助 SPSS 24.0 的数据统计功能，对不同性别的受访者数量进行统计，统计结果见表 5-1。

表 5-1 样本的性别分布

| 性别 | 研究样本分布 | | 官方数据[①] |
|---|---|---|---|
| | 频数 | 频率/% | 频率/% |
| 男 | 344 | 54 | 53 |

续表

| 性别 | 研究样本分布 | | 官方数据[①] |
|---|---|---|---|
| | 频数 | 频率/% | 频率/% |
| 女 | 290 | 46 | 47 |
| 合计 | 634 | 100 | 100 |

注①：CNNIC 发布的互联网用户数据。

由表 5-1 可知，样本的性别分布与官方数据接近，样本数据的可信度较高，代表性较强。

（2）年龄分布。在样本特性分析的过程中，对不同年龄段的受访者数量进行了统计，其统计结果见表 5-2。

表 5-2　样本的年龄段分布

| 年龄段 | 研究样本分布 | | 官方数据 |
|---|---|---|---|
| | 频数 | 频率/% | 频率/% |
| 低于 20 岁 | 24 | 4 | 24 |
| 20～30 岁 | 549 | 86 | 32 |
| 30～40 岁 | 35 | 6 | 21 |
| 40 岁以上 | 26 | 4 | 23 |
| 合计 | 634 | 100 | 100 |

表 5-2 显示结果如下：

（1）问卷发布的受访者的年龄分布最大值与 CNNIC 发布的结果相同，均集中在 20～30 岁的年龄区间，即两者显现出的波峰形状分布是互相吻合的。

（2）在研究样本的分布中，20～30 岁的受访者过于集中，占总体的分布比例过高，在数据分析前应进行问卷质量控制。

以现阶段的新零售消费者群体特征来看，低于 20 岁的消费者没有充足的经济能力参与新零售购物，高于 30 岁的消费者对新鲜事物的包容能力有限而还未完全参与新零售购物，因此，受访者的年龄分布是合理的，其在问卷回答中提供的数据是具有代表性的。

## 二、描述性统计分析

描述性统计分析主要针对理论模型中涉及的物流服务质量、场景体验服务、网络口碑、网络感知风险、平台服务质量、政策因素六个变量及对应的题项设置进行均值和标准差等相关的统计分析，分析结果见表 5-3。

表 5-3  描述性统计分析

| 变量 | 题项 | 均值 | 标准差 |
|---|---|---|---|
| 物流服务质量 | WLFW1 | 4.95 | 1.154 |
|  | WLFW2 | 4.53 | 1.251 |
|  | WLFW3 | 4.77 | 1.198 |
| 场景体验服务 | CJTY1 | 5.64 | 1.265 |
|  | CJTY2 | 5.52 | 1.249 |
|  | CJTY3 | 5.48 | 1.321 |
|  | CJTY4 | 5.62 | 1.354 |
|  | CJTY5 | 5.53 | 1.329 |
| 网络口碑 | WLKB1 | 4.25 | 1.351 |
|  | WLKB2 | 4.31 | 1.251 |
|  | WLKB3 | 4.24 | 1.124 |
| 网络感知风险 | GZFX1 | 4.98 | 1.352 |
|  | GZFX2 | 4.85 | 1.135 |
|  | GZFX3 | 4.94 | 1.267 |
|  | GZFX4 | 5.06 | 1.354 |
| 平台服务质量 | FWZL1 | 5.64 | 1.351 |
|  | FWZL2 | 5.81 | 1.251 |
|  | FWZL3 | 5.52 | 1.124 |
| 政策因素 | ZC1 | 5.94 | 1.759 |
|  | ZC2 | 6.12 | 1.771 |
|  | ZC3 | 6.24 | 1.687 |

由表 5-3 可知，物流服务质量所涉及的三个题项的均值在 4.53～4.95，标准差在 1.154～1.251；场景体验服务所涉及的五个题项的均值在 5.48～5.64，标准差在 1.249～1.354；网络口碑所涉及的三个题项的均值在 4.24～4.31，标准差在 1.124～1.351；网络感知风险所涉及的四个题项的均值在 4.85～5.06，标准差在 1.135～1.354；平台服务质量所涉及的三个题项的均值在 5.52～5.81，标准差在 1.124～1.351；政策因素所涉及的三个题项的均值在 5.94～6.24，标准差在 1.687～1.771。

在有效问卷中，所有题项的答案没有出现过于同质化及过于异质化的极端情况，受访者回答题项的答案分布情况是合理的。

## 三、信度分析

在问卷调查数据的信度分析中,除了对回收数据进行样本特征分析和描述性统计分析等样本检验外,还需要从题目选项设置的角度对样本数据进行检验,判断问卷获取的数据可信度是否能够支撑研究需要,根据信度分析的结果来判定问卷所包含题项在其根源上是否达到稳定的标准。

本书采用组合信度和克隆巴赫系数对数据进行信度分析,并借助 SmartPLS 对这两项指标进行测算。

(1) 组合信度(Composite Reliability,CR)是指由多于一个变量的总和组成的新变量的信度。

(2) 克隆巴赫系数(Cronbach's alpha)是衡量量表或测验信度的一种方法。克隆巴赫 α 系数最早不是由克隆巴赫提出的,克隆巴赫只是在一篇文章中将前人提出的可靠性系数进行了公式化。它克服了部分折半法的缺点,是社会科学研究最常使用的信度分析方法。

克隆巴赫系数是一套常用的衡量心理或教育测验可靠性的方法,依据一定的公式估量测验的内部一致性,作为信度的指标。它克服了部分折半法的缺点,是社会研究最常使用的信度指标,测量一组同义或平行测"总和"的信度。

克隆巴赫系数公式:

$$\alpha = \frac{k}{k-1}\left(1 - \frac{\Sigma S_i^2}{S_x^2}\right)$$

式中:

$\alpha$——信度系数;

$k$——测验题目数;

$S_i^2$——所有被试在第 $i$ 题上的分数变异;

$S_x^2$——所有被试所得总分的方差。

此公式由克隆巴赫(Cronbach)提出,它不要求测验题目仅是(0,1)计分,可以处理任何测验的内部一致性系数的计算问题。

一般来说,该系数越高,即工具的信度越高。在基础研究中,信度至少应达到 0.80 才可接受,在探索性研究中,信度只要达到 0.70 就可接受,介于 0.70~0.98 均属高信度,而低于 0.35 则为低信度,必须予以拒绝。

$\alpha$ 系数是所有可能的分半信度的平均数,它只是测验信度下界的一个估计值,即 $\alpha$ 值大,必有较高的信度,但 $\alpha$ 值小,并不能判定信度不高。

(3) SmartPLS 软件采用偏小二乘法(Partial Least Square,PLS)进行统计分

析，是目前管理学、市场营销、组织行为学、信息系统等领域应用广泛的软件。

结果见表 5-4。

表 5-4 研究变量的 $\alpha$ 系数及 CR 值

| 研究变量 | α | CR |
| --- | --- | --- |
| 物流服务质量 | 0.716 | 0.862 |
| 场景体验服务 | 0.769 | 0.796 |
| 网络口碑 | 0.954 | 0.889 |
| 网络感知风险 | 0.847 | 0.782 |
| 平台服务质量 | 0.895 | 0.865 |
| 政策因素影响 | 0.939 | 0.954 |

由表 5-4 显示结果可知，各研究变量的 $\alpha$ 的值在 0.716~0.954，均大于 0.6 的条件；CR 值在 0.782~0.954，均符合大于或等于 0.7 的先决条件。据此可以判定此次问卷调查获取的数据稳定性较好，信度分析检验合格，能够进行下一步的数值有效度检验。

## 四、效度分析

效度分析是问卷调查中判断数据有效性的常用分析方法，主要判断问卷中的题项能否准确而全面地测量理论模型中涉及的变量，即检验调查问卷的测量结果是否符合理论的使用情况并真实反映调查实际情况。下面采用聚合效度和区分效度两种方法对问卷数据进行检验，运用因子分析法验证问题和答案设置结构的合理性，以及各研究变量的解释程度。

### （一）聚合效度分析

AVE（Average Variance Extracted，平均提取方差）是统计学中检验结构变量内部一致性的统计量。在问卷调查数据效度分析中，通常采用 AVE 表示研究变量的聚合效果。

一般问卷效度合格的标准为 AVE>0.5，即问卷调查数据中有不低于一半的外显指标方差能够被解释，此时问卷调查所得的数据聚合效度较理想。

消费者购买意愿问卷相关研究变量的 AVE 结果见表 5-5。

表 5-5 研究变量的 AVE

| 研究变量 | AVE |
| --- | --- |
| 物流服务质量 | 0.660 |
| 场景体验服务 | 0.756 |
| 网络口碑 | 0.813 |

续表

| 研究变量 | AVE |
|---|---|
| 网络感知风险 | 0.595 |
| 平台服务质量 | 0.742 |
| 政策因素 | 0.825 |

由表 5-5 结果可知，六个研究变量的 AVE 在 0.595~0.825，均大于有效临界值 0.5，据此可以判定此次调查问卷获取的数据中，六个研究变量的聚合效度比较理想。

为了进一步证明各题项能够较好地反映所研究的变量，本书运用因子载荷法和 t 检验法对问题项进行有效的分析，并对变量进行有效的研究。通过观察因子载荷值来判断测量项目与研究变量之间的相关性。因子载荷值越大，测量项目与研究变量的相关性越强，对研究变量的影响程度越大。当因子载荷的数值大于等于 0.7 时，检验通过。

消费者购买意愿问卷调查结果的因子载荷值和 $t$ 值见表 5-6。

表 5-6　各题项的因子载荷值和 $t$ 值

| 研究变量 | 题项 | 因子载荷值 | $t$ 值 |
|---|---|---|---|
| 物流服务质量 | WLFW1 | 0.816 | 35.264 |
|  | WLFW2 | 0.754 | 19.267 |
|  | WLFW3 | 0.864 | 67.952 |
| 场景体验服务 | CJTY1 | 0.884 | 114.249 |
|  | CJTY2 | 0.795 | 58.219 |
|  | CJTY3 | 0.951 | 66.192 |
|  | CJTY4 | 0.864 | 68.953 |
|  | CJTY5 | 0.855 | 136.247 |
| 网络口碑 | WLKB1 | 0.834 | 93.294 |
|  | WLKB2 | 0.745 | 75.349 |
|  | WLKB3 | 0.808 | 58.216 |
| 网络感知风险 | GZFX1 | 0.771 | 43.257 |
|  | GZFX2 | 0.901 | 67.159 |
|  | GZFX3 | 0.866 | 48.342 |
|  | GZFX4 | 0.711 | 19.544 |

续表

| 研究变量 | 题项 | 因子载荷值 | $t$ 值 |
| --- | --- | --- | --- |
| 平台服务质量 | FWZL1 | 0.832 | 39.145 |
| | FWZL2 | 0.765 | 88.641 |
| | FWZL3 | 0.743 | 64.345 |
| 政策因素 | ZCY1 | 0.799 | 23.457 |
| | ZCY2 | 0.866 | 113.697 |
| | ZCY3 | 0.722 | 47.652 |

各研究变量的因子载荷值在 0.711~0.951，均大于临界值 0.7，由此判定研究模型各研究变量聚合效度均较高，能够有效通过聚合效度分析。

（二）区分效度分析

（1）选定某个研究变量，观察此研究变量的 AVE 值及各研究变量之间的相关系数，检查前者的平方根是否大于其所有相关系数，并根据该方法对模型中的所有研究变量进行顺序检查，分析结果见表 5-7。

（2）选择一个问题，观察这个问题项和对应的研究变量之间的因子载荷系数，以及所有问题项之间的交叉系数，检查前者是否大于后者，用这个方法检查问卷中的全部问题项目，分析结果见表 5-8。

当两个评价指标都被验证时，会显示较好的区别效果。区分效率越高，越好表示对应各研究变量的外部指标的差异。

表 5-7 研究变量的 AVE 平方根及相关系数比较

| 变量 | 物流服务质量 | 场景体验服务 | 网络口碑 | 网络感知风险 | 平台服务质量 | 政策因素 |
| --- | --- | --- | --- | --- | --- | --- |
| 物流服务质量 | 0.956 | | | | | |
| 场景体验服务 | 0.365 | 0.855 | | | | |
| 网络口碑 | 0.266 | 0.599 | 0.837 | | | |
| 网络感知风险 | 0.330 | 0.466 | 0.417 | 0.800 | | |
| 平台服务质量 | 0.269 | 0.459 | 0.366 | 0.445 | 0.936 | |
| 政策因素 | 0.265 | 0.215 | 0.649 | 0.337 | 0.488 | 0.885 |

表5-8 研究变量的因子载荷系数与交叉系数比较

| 变量 | 物流服务质量 | 场景体验服务 | 网络口碑 | 网络感知风险 | 平台服务质量 | 政策因素 |
|---|---|---|---|---|---|---|
| WLFW1 | 0.856 | 0.365 | 0.355 | 0.456 | 0.366 | 0.337 |
| WLFW2 | 0.757 | 0.460 | 0.546 | 0.223 | 0.327 | 0.325 |
| WLFW3 | 0.856 | 0.426 | 0.427 | 0.264 | 0.397 | 0.464 |
| CJTY1 | 0.112 | 0.757 | 0.356 | 0.243 | 0.359 | 0.426 |
| CJTY2 | 0.266 | 0.896 | 0.366 | 0.456 | 0.370 | 0.427 |
| CJTY3 | 0.651 | 0.889 | 0.327 | 0.563 | 0.365 | 0.453 |
| CJTY4 | 0.265 | 0.853 | 0.365 | 0.043 | 0.265 | 0.547 |
| CJTY5 | 0.643 | 0.901 | 0.265 | 0.359 | 0.460 | 0.654 |
| WLKB1 | 0.369 | 0.426 | 0.854 | 0.369 | 0.349 | 0.427 |
| WLKB2 | 0.266 | 0.427 | 0.800 | 0.370 | 0.124 | 0.270 |
| WLKB3 | 0.369 | 0.369 | 0.864 | 0.254 | 0.125 | 0.359 |
| GZFX1 | 0.427 | 0.365 | 0.002 | 0.965 | 0.365 | 0.326 |
| GZFX2 | 0.326 | 0.322 | 0.312 | 0.895 | 0.427 | 0.265 |
| GZFX3 | 0.366 | 0.365 | 0.121 | 0.842 | 0.265 | 0.467 |
| GZFX4 | 0.364 | 0.145 | 0.215 | 0.954 | 0.468 | 0.546 |
| FWZL1 | 0.024 | 0.694 | 0.546 | 0.461 | 0.995 | 0.247 |
| FWZL2 | 0.357 | 0.255 | 0.496 | 0.327 | 0.937 | 0.316 |
| FWZL3 | 0.225 | 0.456 | 0.525 | 0.526 | 0.846 | 0.365 |
| ZCYS1 | 0.364 | 0.125 | 0.415 | 0.325 | 0.215 | 0.954 |
| ZCYS2 | 0.215 | 0.115 | 0.215 | 0.237 | 0.651 | 0.846 |
| ZCYS3 | 0.523 | 0.264 | 0.264 | 0.322 | 0.242 | 0.885 |

各研究变量的 AVE 在 0.800~0.956，大于其对应研究变量的交叉系数。同时，对应于每个研究变量的测量项目的负载系数大于其他对应的交叉系数。这样，判定量表的测量项目有更好的区别效果，问卷项目的设计更合理。

（三）因子分析

在因子分析前，首先进行 KMO 检验和巴特利球体检验，判定回收数据是否符合因子分析的条件。

1. KMO 检验

KMO（Kaiser-Meyer-Olkin 检验，提样适合性检验）主要用于多元统计的因子分析。KMO 检验统计量是用于比较变量之间简单相关系数和偏相关系数的指标，取值在 0 到 1 之间。

消费者购买意愿问卷调查的 KMO 检验和巴特利球体检验结果见表 5-9。

表 5-9 消费者购买意愿问卷调查的 KMO 检验和巴特利球体检验结果

| 变量 | KMO | Sig | 累计方差解释率/% |
|---|---|---|---|
| 物流服务质量 | 0.655 | 0 | 88 |
| 场景体验服务 | 0.785 | 0 | 79 |
| 网络口碑 | 0.660 | 0 | 68 |
| 网络感知风险 | 0.857 | 0 | 75 |
| 平台服务质量 | 0.965 | 0 | 74 |
| 政策因素影响 | 0.859 | 0 | 81 |

变量的 KMO 取值为 0.655~0.965，Sig 的值为 0 适合进行因子分析。

当所有变量间的简单相关系数平方和远远大于偏相关系数平方和时，KMO 的值越接近 1，意味着变量间的相关性越强，原有变量越适合作因子分析；当所有变量间的简单相关系数平方和接近 0 时，KMO 值越接近 0，意味着变量间的相关性越弱，原有变量越不适合作因子分析。KMO 的取值与因子分析的适合情况见表 5-10。

表 5-10 KMO 的取值与因子分析的适合情况

| KMO 的取值 | 因子分析的适合情况 |
|---|---|
| 小于 0.5 | 不适合 |
| 0.5~0.6 | 不太适合 |
| 0.6~0.7 | 勉强适合 |
| 0.7~0.8 | 适合 |
| 0.8~0.9 | 很适合 |
| 大于 0.9 | 非常适合 |

2. 巴特利球体检验

巴特利球体检验用来检验相关阵中各变量之间的相关性。在进行巴特利球体检验时，需要判断相关阵是否为单元阵，如果相关阵为单元阵时，则不适合进行因子分析。

在巴特利球体检验中,将 Sig 作为检验值。Sig<0.05 时,变量之间具有相关性,适合进行因子分析。

**3. 主成分分析**

主成分分析是考察多个变量相关性的一种多元统计方法,通过少数几个主成分来揭示多个变量间的内部结构,即从原始变量中选取几个主成分,使它们尽可能多地保留原始变量的信息,且彼此间互不相关。

消费者购买意愿调查问卷的主成分分析结果见表 5-11。

表 5-11 消费者购买意愿调查问卷的主成分分析结果

| 变量 | 题项 | 因子载荷值 |
| --- | --- | --- |
| 物流服务质量 | WLFW1 | 0.864 |
| | WLFW2 | 0.769 |
| | WLFW3 | 0.812 |
| 场景体验服务 | CJTY1 | 0.756 |
| | CJTY2 | 0.864 |
| | CJTY3 | 0.841 |
| | CJTY4 | 0.799 |
| | CJTY5 | 0.901 |
| 网络口碑 | WLKB1 | 0.775 |
| | WLKB2 | 0.819 |
| | WLKB3 | 0.803 |
| 网络感知风险 | GZFX1 | 0.911 |
| | GZFX2 | 0.846 |
| | GZFX3 | 0.857 |
| | GZFX4 | 0.799 |
| 平台服务质量 | FWZL1 | 0.699 |
| | FWZL2 | 0.917 |
| | FWZL3 | 0.897 |
| 政策因素 | ZCYS1 | 0.774 |
| | ZCYS2 | 0.769 |
| | ZCYS3 | 0.871 |

从表 5-11 可以得出以下结论。

（1）从物流服务质量变量对应的三个元素中提取的公因子数量为 1，WLFW1、WLFW2、WLFW3 对应的因子载荷值在 0.769～0.864，大于临界值 0.4，并且有 88% 的物流服务质量可以用提取的因子来解释，因此在调查问卷中关于物流服务质量的研究变量的设定是合理的。

（2）从场景体验服务变量对应的五个元素中提取的公因子数量为 1，CJTY1、CJTY2、CJTY3、CJTY4、CJTY5 对应的因子载荷值在 0.756～0.901，大于临界值 0.4，并且有 79% 的场景体验服务可以用提取的因子来解释，因此在问卷中关于场景体验服务的研究变量的设定是合理的。

（3）从网络口碑变量对应的三个元素中提取的公因子数量为 1，WLKB1、WLKB2、WLKB3 对应的因子载荷值在 0.775～0.819，大于临界值 0.4，并且有 68% 的网络口碑可以用提取的因子来解释，因此在问卷中关于网络口碑的研究变量的设定是合理的。

（4）从网络感知风险变量对应的四个元素提取的公因子数量为 1，GZFX1、GZFX2、GZFX3、GZFX4 对应的因子载荷值在 0.799～0.911，大于临界值 0.4，并且有 75% 的网络感知风险可以用提取的因子来解释，因此在问卷中关于网络感知风险的研究变量的设定是合理的。

（5）从平台服务质量变量对应的三个元素中提取的公因子数量为 1，FWZL1、FWZL2、FWZL3 对应的因子载荷值在 0.699～0.917，大于临界值 0.4，并且有 74% 的平台服务质量可以用提取的因子来解释，因此在问卷中关于平台服务质量的研究变量的设定是合理的。

（6）从政策因素变量对应的三个元素中提取的公因子数量为 1，ZC1、ZC2 和 ZC3 对应的因子载荷值在 0.769～0.871，大于临界值 0.4，并且有 81% 的政策因素可以用提取的因子来解释，因此在问卷中关于政策因素的研究变量的设定是合理的。

# 第六章

## 基于多元线性回归模型的消费者购买意愿影响关系分析

# 第六章 基于多元线性回归模型的消费者购买意愿影响关系分析

多元线性回归分析是经济学研究中常用的研究多变量之间关系的方法。在经济研究中,一个变量的变化往往受到其他相关变量的影响,这个变量称为解释变量,其他变量称为自变量。多元线性回归分析可以正确、清晰地分析变量之间的相关性和回归拟合度。多元线性回归方程能较好地预测经济变量的变化。

回归分析简单方便,可以直接量化经济数据,详细分析经济变量之间的关系及各影响因素的权重。

多元回归模型分为线性回归方程和非线性回归方程。其中线性回归方程的表达式如下:

$$Y = \beta_0 + \beta_1 X_1 + \beta_2 X_2 + \cdots + \beta_n X_n + \mu \quad (式6.1)$$

与非线性回归方程相比,线性回归方程有着更容易拟合、参数估计的精确性更高、预测结果更精准、说服力更强等优点,被广泛应用于经济学研究中。

## 第一节 消费者购买意愿模型的构建

为了充分研究新零售背景下消费者购买意愿的影响因素,在构建核心变量回归模型的基础上,引入控制变量回归模型、虚拟变量回归模型。

消费者购买意愿模型的一般表达式如下:

$$Y_n = \beta_0 + \sum_{i=1}^{k} \beta_i X_{in} + \alpha_1 D_{1n} + U_n \quad (式6.2)$$

式中:

$Y_n$——被解释变量;

$X_{in}$——自变量;

$D_{1n}$——虚拟变量;

$U_n$——随机误差。

解释变量对被解释变量的影响方向和程度可以通过模型回归结果参数反映。为了反映政策因素的影响,引入虚拟变量;为了分析新零售的兴起对消费者购买意愿产生的影响,将新零售政策因素设定为模型中的虚拟变量。为了规避虚拟变量陷阱并结合相关分析的需要,分别构建新零售背景下消费者购买意愿影响因素核心变量回归模型、核心变量与控制变量回归模型、核心变量、控制变量与虚拟变量回归模型,并在模型中择优分析核心变量、控制变量及虚拟变量对消费者购买意愿的影响。

在对调查问卷获取的数据进行充分的筛选整理后，新零售背景下消费者购买意愿的回归模型如下：

$$Y_n = \beta_0 + \sum_{i=1}^{5} \beta_i X_{in} + \alpha_1 D_{1n} + U_n \qquad (式6.3)$$

式中：$n$——每份有效问卷中获取的数据组。

展开得式 6.4。

$$Y_n = \beta_0 + \beta_1 \ln X_{\text{WLFW}n} + \beta_2 X_{\text{CJTY}n} + \beta_3 X_{\text{WLKB}n} + \beta_4 X_{\text{GZFX}n} + \beta_5 X_{\text{FWZL}n} + \alpha_1 D_n + U_n \qquad (式6.4)$$

式中：

$Y_n$——新零售背景下消费者的购买意愿；

$X_{\text{WLFW}n}$——模型核心解释变量，表示物流服务质量，新零售与传统零售和电子商务零售的区别在于新零售将线上线下相结合，能够更快地完成物流配送，提高物流服务质量；

$X_{\text{CJTY}n}$——核心解释变量，表示场景体验服务，用来反映新零售与电子商务的区别在于新零售模式能够进行线下体验后再进行消费决策；

$X_{\text{WLKB}n}$——控制变量，表示网络口碑，用来反映消费者购买决策中受到既往消费者评价的影响；

$X_{\text{GZFX}n}$——控制变量，表示网络感知风险，是消费者在消费决策过程中所能够预见的风险系数，与网络平台的安全性成反比；

$X_{\text{FWZL}n}$——控制变量，表示平台服务质量，是消费者进行购买决策时获得额外效用的体现；

$D_n$——虚拟变量，表示政策因素，反映新零售相关政策对消费者购买决策的影响情况，认为政策因素对自己购买决策无影响时该项取值为 0，有影响时该项取值为 1。

## 第二节　消费者购买意愿模型检验

### 一、消费者购买意愿模型的平稳性

为了防止问卷获取的数据存在内生性问题而导致伪回归，分别采用 ADF 检验和 LLC 检验，验证问卷数据的平稳性，得到的检验结果见表 6-1。

# 第六章　基于多元线性回归模型的消费者购买意愿影响关系分析

表 6-1　数据平稳性检验结果

| 变量 | ADF 检验 | LLC 检验 | 检验结果 |
| --- | --- | --- | --- |
| $Y$ | −3.200＊＊＊[注1]<br>（0.000 3） | −3.006＊＊＊<br>（0.001 1） | 平稳 |
| $\ln X_{WLFW}$ | −6.460＊＊＊<br>（0.000 0） | −5.996＊＊＊<br>（0.000 0） | 平稳 |
| $X_{CJTY}$ | −4.651＊＊[注2]<br>（0.000 0） | −4.965＊＊＊<br>（0.000 0） | 平稳 |
| $X_{WLKB}$ | −5.598＊＊＊<br>（0.000 0） | −6.215＊＊＊<br>（0.000 0） | 平稳 |
| $X_{GZFX}$ | −5.364＊＊＊<br>（0.000 2） | −4.857＊＊＊<br>（0.000 0） | 平稳 |
| $X_{FWZL}$ | −6.242＊＊＊<br>（0.000 0） | −6.943＊＊＊<br>（0.000 0） | 平稳 |
| $D$ | −7.215＊＊＊<br>（0.000 00） | −7.726＊＊＊<br>（0.000 0） | 平稳 |

注1：＊＊＊表示在10%的显著性水平下通过检验；
注2：＊＊表示在5%的显著性水平下通过检验。

平稳性检验结果显示，消费者购买意愿模型得到的数据平稳性良好，可以进行下一步的回归参数估计。

## 二、消费者购买意愿模型的回归结果

为了更精准地测度选定的六个变量对新零售背景下消费者购买意愿的影响效果，在进行模型回归时分别对核心变量模型、控制变量模型、虚拟变量模型进行回归：

（1）观察三个模型中所有变量对被解释变量（消费者购买意愿值）的影响效果及模型的回归结果是否能通过计量检验、统计检验和经济意义检验；

（2）选取最合理的模型进行调整，逐步剔除模型中统计检验不显著的经济变量。

消费者购买意愿模型的回归结果见表6-2。

表 6-2 消费者购买意愿模型的回归结果

| 变量 | 核心变量模型 | 控制变量模型 | 虚拟变量模型 |
|---|---|---|---|
| $Y$ | 0.730 * [注1] <br> (3.969) | 0.923 * <br> (1.325) | 0.506 * * [注2] <br> (1.843) |
| $\ln X_{WLFW}$ | 0.001 * <br> (3.893) | 0.002 [注3] <br> (0.702) | 0.001 <br> (0.695) |
| $X_{CJTY}$ | -0.013 * <br> (-2.205) | 0.003 <br> (0.077) | 0.002 <br> (-0.694) |
| $X_{WLKB}$ | — | 0.027 * <br> (7.957) | 0.027 * <br> (9.148) |
| $X_{GZFX}$ | — | -0.004 <br> (0.240) | 0.037 * * <br> (1.967) |
| $X_{FWZL}$ | — | -0.050 * <br> (-3.212) | 0.043 * <br> (-3.061) |
| $D$ | — | — | -0.042 * <br> (-2.640) |
| 拟合优度 $R^2$ | 0.956 | 0.974 | 0.981 |
| 调整拟合优度 $R^2$ | 0.950 | 0.967 | 0.975 |
| $F$ 统计量 | 152.461 | 143.043 | 157.827 |
| $P$ 值 | 0.000 | 0.000 | 0.000 |
| $nR^2$ | 196.231 | 288.641 | 279.364 |

注1：* 表示在 5% 显著性水平下显著；

注2：* * 表示在 10% 水平下显著；

注3：其余为 10% 水平下不显著。

1. 拟合程度

核心变量模型的拟合优度 $R^2=0.956$，调整后的拟合优度 $\overline{R^2}=0.950$；控制变量模型的拟合优度 $R^2=0.974$，调整后的拟合优度 $\overline{R^2}=0.967$；虚拟变量模型的拟合优度 $R^2=0.981$，调整后的拟合优度 $\overline{R^2}=0.975$，说明三个模型的拟合程度很好。

2. 统计量

核心变量模型的统计量为 152.461，控制变量模型的统计量为 143.043，虚拟变量模型的统计量为 157.827，三个模型的统计量通过了 5% 水平下的检验，说明回

# 第六章 基于多元线性回归模型的消费者购买意愿影响关系分析

归方程整体上显著。但是其中除了网络口碑和服务质量的系数比较显著外,其他解释变量的系数都不显著,说明解释变量之间可能存在严重的多重共线性。

## 三、消费者购买意愿模型的多重共线性

### 1. 多重共线性检验

六个解释变量之间存在多重共线性,会给回归方程带来影响,需要对其进行检验和修正。下面通过相关系数检验观察变量之间的线性关系,分析结果见表6-3。

表6-3 消费者购买意愿模型多重共线性检验结果

| 解释变量 | $\ln X_{WLFW}$ | $X_{CJTY}$ | $X_{WLKB}$ | $X_{GZFX}$ | $X_{FWZL}$ | $X_{ZCYS}$ |
|---|---|---|---|---|---|---|
| $\ln X_{WLFW}$ | 1.00 | | | | | |
| $X_{CJTY}$ | 0.39 | 1.00 | | | | |
| $X_{WLKB}$ | 0.21 | 0.29 | 1.00 | | | |
| $X_{GZFX}$ | -0.31 | 0.22 | 0.41 | 1.00 | | |
| $X_{FWZL}$ | 0.63 | 0.17 | 0.36 | 0.13 | 1.00 | |
| $X_{ZCYS}$ | 0.38 | 0.01 | 0.57 | 0.21 | 0.33 | 1.00 |

从表6-3可以看出,平台服务质量和物流服务质量、政策因素和口碑之间存在较强的相关关系。为消除共线性影响,采用逐步回归法重新进行估计。

### 2. 多重共线性处理

用逐步回归法进行估计时将被解释变量依次与每个解释变量进行线性回归(即一元一次线性回归),根据计算得出的拟合优度从大到小依次引入变量。若引入的变量使 $R^2$ 变化较大且显著,则保留该变量。否则,舍弃该变量重新选取。各解释变量回归结果见表6-4。

表6-4 各解释变量回归结果

| 解释变量 | $\ln X_{WLFW}$ | $X_{CJTY}$ | $X_{WLKB}$ | $X_{GZFX}$ | $X_{FWZL}$ | $X_{ZCYS}$ |
|---|---|---|---|---|---|---|
| $R^2$ | 0.463 | 0.133 | 0.103 | 0.236 | 0.280 | 0.091 |
| $F$ | 17.364 | 1.964 | 7.654 | 3.216 | 17.326 | 6.322 |

表6-4中拟合优度系数最大的自变量是物流服务质量,因此将消费者购买意愿 $Y$ 与物流服务质量 $X_{WLFW}$ 进行线性回归,得出式6.5。

$$Y_n = 0.120 + 0.054\ln X_{WLFWn} \quad \text{(式6.5)}$$

(7.264)　　(5.356)

$$R^2 = 0.463 \quad \overline{R^2} = 0.452 \quad F = 17.364$$

式 6.5 显示，回归方程显著且变量回归系数也显著。所以在保留物流服务质量变量的基础上引入平台服务质量进行回归，得到式 6.6。

$$Y_n = 0.099 + 0.011\ln X_{\text{WLFW}n} + 0.012 X_{\text{FWZL}n} \quad （式 6.6）$$

　　(7.651)　　　(4.215)　　　(1.211)

$$R^2 = 0.477 \quad \overline{R^2} = 0.451 \quad F = 149.315$$

式 6.6 显示，引入新的变量平台服务质量后，虽然 F 值较大，回归整体显著，但是回归方程拟合优度 $R^2$ 值变化不大，且平台服务质量的 $t$ 值较小，回归系数不显著，说明引入的变量平台服务质量不合适，应该剔除，继续添加下一个变量感知风险进行回归，回归方程见式 6.7。

$$Y_n = 0.133 + 0.002\ln X_{\text{WLFW}n} - 0.012 X_{\text{GZFX}n} \quad （式 6.7）$$

　　(5.219)　　　(4.865)　　　(14.625)

$$R^2 = 0.681 \quad \overline{R^2} = 0.680 \quad F = 224.328$$

式 6.7 显示，物流服务质量和网络感知风险两个变量回归系数（$t$ 值）显著，且回归方程整体联合显著，方程拟合优度明显提高，所以可以保留变量网络感知风险，并依次序引入下一个变量场景体验服务进行回归估计，估计方程见式 6.8。

$$Y_n = 0.114 + 0.02\ln X_{\text{WLFW}n} - 0.015 X_{\text{GZFX}n} + 0.014 X_{\text{CJTY}n} \quad （式 6.8）$$

　　(6.329)　　(11.246)　　(9.347)　　(8.546)

$$R^2 = 0.813 \quad \overline{R^2} = 0.808 \quad F = 145.328$$

式 6.8 显示，物流服务质量、网络感知风险、场景体验服务三个变量回归系数（$t$ 值）都显著，且回归方程整体联合显著（$F$ 值）。同时方程拟合优度（$R^2$）明显提高，所以可以保留变量场景体验服务，并依次序引入下一个变量网络口碑进行回归估计，估计方程见式 6.9。

$$Y_n = 0.114 + 0.005\ln X_{\text{WLFW}n} - 0.025 X_{\text{GZFX}n} + 0.014 X_{\text{CJTY}n} + 0.028 X_{\text{WLKB}n}$$

（式 6.9）

　　(3.984)　　(19.211)　　(8.227)　　(6.337)　　(2.671)

$$R^2 = 0.893 \quad \overline{R^2} = 0.889 \quad F = 127.264$$

式 6.9 显示，物流服务质量、网络感知风险、场景体验服务、网络口碑四个变量的回归系数（$t$ 值）显著，且回归方程整体联合显著（$F$ 值）。同时方程拟合优度 $R^2$ 明显提高，所以可以保留变量网络口碑，并依次序引入下一个变量政

# 第六章 基于多元线性回归模型的消费者购买意愿影响关系分析

策因素进行回归估计,估计方程见式6.10。

$$Y_n = 0.114 + 0.005\ln X_{WLFWn} - 0.015 X_{GZFXn} + 0.004 X_{CJTYn} + 0.018 X_{WLKBn} + 0.037 D_n$$
(式6.10)

(3.364)　　(16.211)　　(7.514)　　(9.659)　　(11.283)　　(13.261)

$$R^2 = 0.953 \quad \overline{R^2} = 0.949 \quad F = 189.622$$

式6.10显示,物流服务质量、网络感知风险、场景体验服务、网络口碑、政策因素五个变量的回归系数（$t$值）显著,且回归方程整体联合显著（$F$值）,同时方程拟合优度（$R^2$）明显提高,所以可以保留变量政策因素。

综合上述可知,用逐步回归法消除多重共线性的回归结果是式6.10。式6.10中有五个解释变量。用逐步回归法剔除平台服务质量变量,保留物流服务质量、场景体验服务、网络口碑、网络感知风险和政策因素五个变量。各个变量的参数估计结果见表6-5。

表6-5　方程6.10回归结果

| 变量 | 回归参数 |
| --- | --- |
| $C$ | 0.114 * * 注1 |
|  | (3.364) |
| $\ln X_{WLFW}$ | 0.005 * * |
|  | (16.211) |
| $X_{CJTY}$ | 0.004 * * |
|  | (9.659) |
| $X_{WLFB}$ | 0.018 * 注2 |
|  | (11.283) |
| $X_{GZFX}$ | 0.015 * * |
|  | (7.514) |
| $D$ | 0.037 * |
|  | (13.261) |
| $R^2$ | 0.953 注3 |
| 调整 $R^2$ | 0.949 |
| $F$统计量 | 189.622 |
| $P$值 | 0 |
| $nR^2$ | 279.364 |

注1:* *表示在10%水平下显著;

注2：*表示在5%显著性水平下显著；

注3：其余为10%水平下不显著。

最后的回归分析结果见式6.11。

$$Y_n = 0.114 + 0.005 \ln X_{WLFWn} - 0.015 X_{GZFXn} + 0.004 X_{CJTYn} + 0.018 X_{WLKBn} + 0.037 D_n + \mu_n \quad (式6.11)$$

## 第三节　回归后的消费者购买意愿模型

### 一、显著性检验

对新的估计结果进行拟合优度检验、方程显著性检验和变量显著性检验。从表6-5可以看到，方程的决定系数 $R^2=0.953$，调整后的 $R^2=0.949$，说明模型对样本有较高的拟合度。物流服务质量、场景体验服务、网络口碑、网络感知风险和政策因素五个变量可以对新零售背景下消费者网络购物意愿94.91%的离差进行解释。回归方程的结果显示 $F=189.622$ 且 $P=0$，说明方程整体显著，五个变量联合起来对新零售背景下消费者网络购买意愿有显著影响。

回归系数的统计量检验，统计量 $t$ 服从自由度为 $(n-k-1)$ 的 $t$ 分布，在1%和5%显著性水平下的 $t$ 值分别为3.125和2.596。由表6-6中的结果可知，各个解释变量的 $t$ 值均大于3.125。因此物流服务质量、场景体验服务、网络口碑、网络感知风险和政策因素均对新零售背景下消费者网络购买意愿影响显著，方程通过系数的显著性检验。

### 二、多重共线性检验

鉴于第一次参数估计出现了多重共线性，在拟合优度检验、方程显著性检验和变量显著性检验后重新进行多重共线性检验。此时用方差扩大因子（VIF）检验。当VIF≥10时，一般认为存在多重共线性；否则不存在多重共线性。VIF的计算公式为：

$$\text{VIF}_j = \frac{1}{1 - R_j^2} \quad (式6.12)$$

式中，$R_j^2$ 表示第 $j$ 个自变量与其他自变量间的相关系数。依次将物流服务质量、场景体验服务、网络口碑、网络感知风险和政策因素影响中的一个作为解释变量，其他四个作为被解释变量，分别回归后计算得出 $R_j^2$，然后计算VIF得出表6-6。

# 第六章 基于多元线性回归模型的消费者购买意愿影响关系分析

表6-6 VIF 计算结果

| 变量 | 可决系数（$R^2$） | 容忍度（$1-R^2$） | VIF |
|---|---|---|---|
| 物流服务质量 | 0.24 | 0.76 | 4.26 |
| 场景体验服务 | 0.38 | 0.63 | 3.24 |
| 网络口碑 | 0.60 | 0.40 | 1.13 |
| 网络感知风险 | 0.69 | 0.31 | 5.27 |
| 政策因素 | 0.18 | 0.82 | 1.02 |

计算结果显示 VIF 值都小于 10，五个自变量之间不存在多重共线性问题。

## 三、异方差检验

当存在异方差问题时，随机干扰项的方差随着样本的变化而变化。异方差会导致 OLS 估计的 t 检验和 F 检验失效，同时高斯马尔科夫定理不再成立，降低 OLS 的估计效率。

检验异方差的方法有分析残差图、怀特检验和 BP 检验等，怀特检验可以检验任何开多式的异方差，所以本书选择怀特检验对模型进行异方差检验，检验结果见表6-7。

表6-7 怀特检验结果

| 原假设 | $\chi^2$ | $P$ | 结论 |
|---|---|---|---|
| $H_0$ =具有异方差 | 12.573 | 0.27 | 接受原假设，不存在异方差 |

检验结果显示回归方程通过了怀特检验，说明模型不存在异方差，回归方程是有效的。

## 四、自相关检验

自相关会导致 OLS 估计的 t 检验和 F 检验失效，降低 OLS 估计的效率并使估计参数变得不准确。自相关的检验方法有分析残差图法、BG 检验、DW 检验等，本书采用 BG 检验。综合五个变量的特性和滞后对应参数显著性，结合研究主题，最后选定滞后阶数为 2，检验结果见表6-8。

表6-8 自相关检验结果

| 原假设 | $F$ 值 | $P$ 值 | 结论 |
|---|---|---|---|
| $H_0$ =存在自相关 | 6.3548 | 0.1156 | 接受原假设，不存在自相关 |

检验结果显示不存在自相关，即回归结果是可信的。

## 第四节  消费者购买意愿模型回归结果分析

物流服务质量、场景体验服务、网络口碑、网络感知风险和政策因素对新零售下消费者购买意愿的提高有着显著的影响。其中物流服务质量、场景体验服务、网络口碑和政策因素对新零售背景下消费者购买意愿的提高有着正向的影响，网络感知风险对新零售背景下消费者购买意愿的提高有着反向的影响。

回归模型的常数项为 0.114，其经济意义为在不考虑物流服务质量、场景体验服务、网络口碑、网络感知风险和政策因素的影响下，消费者在新零售背景下的购买意愿为 0.114。

### 一、物流服务质量

物流服务质量的回归系数为 0.005，即物流服务质量每提高 1%，新零售背景下消费者网络购买意愿提高 0.005%。

物流服务质量对新零售背景下消费者网络购买意愿有显著的促进作用原因在于：

（1）物流服务质量的提升使得消费者在线上平台下单后，能够更快地获得商品，效用的实现变快；

（2）物流服务质量的提升能够降低商品在运输过程中的损坏率，加快商品的流动速度和配置效率，消费者在购买到使用的过程中整体效用得到满足。

物流服务质量是平台综合能力的体现，物流服务质量越高，平台的整体能力越强，消费者在消费过程中的心理满足感越容易实现，进一步增加消费者的感知效用。消费者在购买过程中所能够感知到的效用越大，就越容易产生购买行为，即购买意愿越强。

### 二、场景体验服务

场景体验服务的回归系数为 0.004，即场景体验服务指数每提高 1%，新零售背景下消费者网络购买意愿提高 0.004%。由此可见，我们关注的变量场景体验服务对新零售背景下消费者网络购买意愿有显著的促进作用。究其原因在于，场景体验服务作为新零售区别于传统零售的重要因素之一，能够快速地补齐传统电子商务没办法试货的体验缺失。场景体验服务越好，说明消费者与商品的契合度越高，消费者购买商品所能够获得的效用越大，消费者的购买意愿就越强烈。另一方面，消费者场景体验服务越好，说明商家的售前服务越到位，更容易使消费者获得心理上的舒适和满足，从而对商家产生好感和黏性，增强消费者的购买意愿，促进消费者的购买行为。

### 三、网络口碑

网络口碑的回归系数为0.018，说明产品或平台的口碑（可具体化为好评度）每提高1%，新零售背景下消费者网络购买意愿提高0.018%。

网络口碑对新零售背景下消费者网络购买意愿有显著的促进作用原因在于：平台或商品的网络口碑越好，消费者在社交性电子商务过程中获得的效益越多，除了收获商品本身的使用价值之外，还能够在好评中收获荣誉感的提升等商品之外的价值。另一方面，口碑对于消费决策的影响体现了消费者决策过程中的从众心理。正面的口碑对消费决策具有正向的促进作用，负面的口碑对消费决策具有反向的抑制作用，消费者在决策时往往会受到除了主观因素之外的其他因素影响。

口碑反映了整个圈子大部分人的评价和态度，能够在很大程度上影响消费者的消费决策行为。平台或商品的口碑越好，消费者进行消费的可能性越大。

### 四、网络感知风险

网络感知风险的回归系数为0.015，即网络感知风险每提高1%，新零售背景下消费者网络购买意愿提高0.015%。

网络感知风险对新零售背景下消费者网络购买意愿有显著的抑制作用原因在于：消费者的感知风险越高，说明在消费者看来，平台的安全性越差，产生消费决策的沉没成本可能就越高。根据成本收益理论，在获得的收益不变的情况下，成本越高，消费者的心理获得感越低，进行购买行为所能够获得的效用越小，消费者的购买意愿下降。

平台的感知风险越大，则安全性越低，消费者购买过程中产生的负面情绪越大，消费意愿越低。

### 五、政策因素

政策因素的回归系数为0.037，说明在其他因素不发生变化的情况下，消费者感知到的政策利好每提高1%，新零售背景下消费者网络购买意愿相应提高0.037%。政策因素对新零售背景下消费者网络购买意愿有显著的促进作用。原因在于：当消费者感知到政策对于消费有利，例如出台相关的质量监管条例，则消费者在决策过程中对于买到假货或者质量不达标产品的顾虑就会降低，消费者进行购买决策的可能性也越大。

政策可能通过影响商家进一步影响消费者的购买决策行为。例如，当政策鼓励线上消费时，线下实体经济遭受冲击，许多商家转型线上或新零售，消费者的可选择性减少，也会促进消费者在新零售平台上的消费决策。

# 第七章

## 消费者购买意愿的影响因素

# 第七章 消费者购买意愿的影响因素

本书通过对物流服务质量、场景体验服务、网络口碑、感知风险、平台服务质量和政策因素影响六个因素进行实证分析，发现物流服务质量、场景体验服务、网络口碑、感知风险和政策因素影响均对新零售背景下消费者的网络购买意愿影响显著，其中物流服务质量、场景体验服务、网络口碑和政策因素对消费者的网络购买意愿具有正向影响，感知风险具有负向影响。

## 第一节 物流服务质量

企业通过提供物流服务，能够达到服务产品的质量标准，这是满足用户需求的保证。物流服务质量是满足物流客户需求的能力水平，包括配送服务质量、仓储服务质量、运输服务质量和库存服务质量。衡量物流服务质量的变量包括订单数量、销售量、预留等待件数、退货率、订单等待时间、货损投诉、取消订单数、紧急发货次数等。

1. 完善网上购物配套服务，加强物流体系和支付体系建设

我国网络购物产业链尚不成熟，物流和支付服务相对落后，制约了网络购物市场的发展。以 C2C 业务为主的购物网站对第三方物流的过于依赖，在一定程度上也受到了制约。

目前，我国物流业缺乏统一的标准，质量和服务难以控制，增加了网民的购物风险。此外，由于西部地区及地级以下民营快递公司数量较少，EMS、顺丰等高端服务企业在速度和覆盖面上具有优势，但高昂的成本制约了网购向这些新兴市场的渗透。

网络购物给物流业带来了巨大的利益，越来越多的企业和配送系统进入物流行业。

物流业的全面提升需要政府、企业和行业协会的共同配合，适度提高行业准入门槛，避免基础设施重复建设，加强管理，鼓励竞争，提高物流业的服务水平。

网络购物改变了传统的"钱货两清"的消费模式，电子汇款、网上银行和第三方支付成为主要的支付手段，网民对网上购物时银行卡的安全性表现出极大的关注。因此，通过技术创新和管理，不断完善支付体系、保护网民的信息和财

产安全显得十分重要。

良好的质量是企业竞争力的重要因素，是经济效益的基础。随着社会经济的发展，人们对物流服务的期望和要求越来越高。提高物流服务质量、加强物流质量管理需要企业和商家的充分重视。

物流服务的质量决定了消费者的满意度，物流服务的整体效果和效率决定着物流服务的质量。物流质量的提高需要改进物流活动流程，通过物流节点建设、物流设备设施建设、采购、物流技术的引进和应用、物流网络建设等，提高物流服务质量。

物流系统中的每项活动都包含一个或多个过程，物流服务质量的提高是追求过程效果和效率持续改进的活动，不断寻找方法，采取预防和纠正措施，解决或减少物流服务质量事故，提高消费者满意度。

当消费者对物流服务水平和质量、物流基础设施建设和物流设备采购应用、物流节点和物流网络的建设及合理配置要求不高时，可以通过EDI、RFID等技术的引进和应用，提高物流服务的水平和质量。当企业具备基本的物流设施和设备，也具有一定规模的物流节点和物流网络时，采用先进的信息技术，能够为提供优秀的物流服务质量奠定坚实的基础，串联起整个运营区域的物流节点和网络，物流基础设施的改善效果会更加显著，物流服务质量也会大幅度提升。

2. 提高物流服务人员的素质

物流服务人员在物流活动中起着主导作用，因此，要提高物流服务的质量和水平，必须改变物流服务人员的物流服务质量观念，提高物流服务人员的服务意识和服务质量。物流服务是一项需要业务人员高度参与的服务。为了实现顾客满意，提高物流企业的效率和效益，需要改进物流服务人员的服务方式、职业道德、工作能力和责任感，提高他们的沟通能力、业务水平和创新能力，进一步提高物流服务水平和物流服务质量，最终提高企业的整体服务质量。意识形态在任何工作和行为中都起着重要的作用，因此提高员工对物流服务质量的认识、树立物流服务质量管理理念，对于实现物流服务质量管理、提高物流服务质量具有重要意义。要加强对职工的系统培训和学习，营造优秀的企业文化。

物流服务是系统的。为了满足顾客的需求，物流服务的每个环节都必须做到又快又好。物流服务标准化建设可以促进物流业的发展。同时，借鉴被认定国家或其他企业的先进和优秀经验，提高物流服务质量，节约企业的物流成本，减少物流失误带来的额外成本。公司应根据现状准确计算每项重复性服务工作所需时间，精心设计管理流程，确定物流服务标准，以合理的成本，高效率、高标准地满足客户的期望。同时，也需要为较小的流程制定工作标准，以确保物流服务人员能够根据规则和工作流程快速完成工作。

3. 运用信息技术提高物流服务质量

物流服务质量的提高与信息技术的应用密切相关。信息化已成为物流企业提高物流服务质量和物流水平的重要手段。

物流信息系统是由物流服务人员、计算机硬件、软件、网络通信设备等组成的人机交互系统。其主要功能包括信息采集、信息存储、信息的处理和传输、设备和信息的维护与应用等。信息化的操作能够为物流管理者提供战略、战术和运作决策支持，以实现组织的战略竞争优势，提高物流运作的效率。

物流质量是不断变化的，运用信息技术可以监控物流质量的现状、管理过程和发展情况，发现问题并及时改进和解决，从而提高物流服务水平和企业管理质量。

一个基本的物流信息系统需要有一个或多个专业的物流仓库管理子系统，子系统也需要相关的改善、整合和统一接口，与各大客户信息管理系统建立连接和数据共享模式，减少信息传递的时间和成本，减轻总系统的负担，进而提高物流服务水平，最终实现提高物流服务质量的目的。

4. 优化物流业务流程

随着物流信息系统的完善和物流服务的规范化，物流业务流程的构建和优化显得尤为重要。物流企业的业务流程包括外部业务流程和内部业务流程两大部分。顺利的业务流程需要良好的沟通和信息共享，物流专业人才的培养、物流信息的制度化、物流服务的标准化，可以有效地解决沟通问题。

物流业务流程是物流服务的环节，通过业务流程将各项物流服务严格整合，完成整个物流服务活动，实现物流服务的价值。为了提高物流服务质量，必须对业务流程进行优化或重构。随着顾客对物流期望的不断变化，企业业务流程和物流服务的规范化程度有待提高。通过物流服务的标准化、物流人员的培训和引进，优化企业物流流程，构建和完善物流管理体系，制定可衡量的物流服务质量指标（如客户满意度、运输准确度、订单处理的及时性等），提高物流服务质量。

## 第二节 场景体验服务

情境营销是网络推广活动中精准营销的体现，通过精准的数据分析、人群定位、广告投放找到目标用户。对于用户来说，情境是唤醒消费需求或心理状态的手段，通过应用情境的介入，除了能感受情境中所代入的精准服务之外，更能发现新的需求，产生新的愿景，提升生活质量。

情境营销属于体验营销的范畴。有时，产品的体验还不足以让消费者买单。

这时候，商家必须创造合适的情境改变消费者的内心感受，这样消费者进行消费时就顺其自然了。

通过情境营销刺激消费者的购物欲望的主要机制如下。

在销售过程中，商家以情境为背景，以服务为舞台，以商品为道具，通过环境和氛围的营造，让消费者在购买过程中产生"情感共鸣"的体验。通过情境传递消费者的购买欲望，激发消费者的共鸣，进而促进产品的销售，引发消费者的购物欲望。

如果家具店产品单一，消费者难以产生购买的欲望。如果商家用沙发、枕头、桌子、窗帘等装饰客厅，消费者进入家具店就能够发现整体的美观，则更容易产生购买意愿。这是商家为消费者营造的一个情境，通过这个情境触发消费者的购买欲望。

## 一、情境营销的特点

### 1. 随时随地性

随着微信和微博的普及，很多网民都深深地参与其中。比如，当消费者在朋友圈中看到朋友的照片，发现朋友穿的一些衣服或戴的手表非常漂亮时，就有可能产生购买欲望。这与许多商家通过"买家秀"来给消费者视觉体验，进而刺激消费者购买欲望是同样的道理。在同样的购买过程中，消费者没有目的，只是当他们看到一个情境，引发共鸣或者感兴趣时，他们就有了购买的想法，因此情境营销可以随时随地进行。

### 2. 不相关性

让我们举一个简单的例子。例如，你最近和一个朋友谈论天气、旅游等休闲信息或娱乐八卦，突然聊到了朋友在售卖的最新产品。基于朋友，你有了购买产品的想法。从娱乐八卦聊天到产品，没有任何联系，只是朋友这个中间人在起作用。

### 3. 多样性

随着群岛时代的到来，物以类聚的群体特征和针对特定群体的情境设计，使得情境营销更加多元化和立体化。例如，新推出的产品中介绍，用户可以根据不同场景的需求选择合适的服装，实现不同品牌的搭配，包括上班族、郊区度假、户外生活和浪漫约会。而且，每种风格都有更多细分的场景。模特们穿着与情境相匹配的衣服，用户一目了然。

情境营销正在挤占移动互联网。移动终端为许多公司设计情境提供了更多的

第七章 消费者购买意愿的影响因素

机会。营销情境的构建能够满足消费者多样化的需求、技术进步、产品迭代，体验营销也需要与时俱进，才能把握经济社会的发展趋势。

## 二、情境化体验渗透产品和服务

移动互联网时代，作为用户在使用产品（服务）过程中建立起来的一种纯粹的主观心理感受，基于情境设计的体验感知通过各种噱头事件表现得淋漓尽致。

1. 公司会根据产品情境设计功能，提高用户体验

例如，消费者需要坚持锻炼，却经常因为工作和生活中的琐事而忘记或半途而废，因此希望有一个工具激励和督促自己坚持锻炼。相应就出现了许多体育应用，这些应用通过定位等方式提供运动记录并与朋友进行排序比较。一个简单的运动变成了一个有很多情境的运动体验。

2. 当产品体验不足时，企业会建立适当的服务情境来打动消费者

例如买房看到样板房时，顾客会感觉像"家"。这也是为什么开发商不惜重金聘请设计师、挑选上好的装修材料和名牌家电装饰样板房的原因所在。通过传递消费者的现场购买欲望，激发消费者的共鸣，实现产品和服务的销售。

情境不仅仅是用户体验的提升，更是体验过程的一部分。

## 三、预知消费情境提升客户体验

一个情境产生的背后包含了基于大数据分析的客户需求甄别、基于客户问题咨询的情境设计、情境系统支撑（如口径系统、业务受理系统）、服务流程支撑、人员执行等重要环节。其中数据标签为情境设立提供基础。运营商有海量的客户数据，将这些海量数据进行整合，并对某些特征分类设定关联标签。如将客户在客服热线产生的语音拨打记录及来电原因、外呼数据、在线客服产生的交互记录、传统电子渠道及互联网行为数据，按照客户消费属性、社会属性、产品偏好、交易偏好等类别进行标记，为后续通过数据模型推断客户需求、设立场景提供支撑。

在移动互联网时代，客户信息来源渠道非常广，来自电话、邮箱、微信、微博、表单等十余种渠道的客户数据让企业客服管理者头疼不已。云客服可以轻松解决这个问题。例如逸创云客服 www.kf5.com 的工单系统，拥有强力数据统计能力，反映全接入渠道客户服务真实概况。其整合邮件、网页表单、微博、电话、在线 IM、反馈组件、短信、移动 sdk、微信、API 接口等用户反馈渠道信息，让企业客户服务有章可循、有数据可依。有这样强大的数据支撑，企业可轻松整理客户需求、判断客户使用场景、优化服务。

## 第三节　网络口碑

### 一、口碑营销

企业进行口碑营销对企业的发展非常有益。

（1）口碑营销能够降低广告成本。

（2）口碑不如广告那么咄咄逼人，但它是沉默和克制的。

正是这种无形的特点，让口碑更有优势，克服了广告公信力弱的特点。这种优势是与生俱来的，自古就存在的。因此，做好口碑营销会给公司带来源源不断的利润。

电子商务要重视微信、微博等社交平台，丰富社交平台上的广告链接和文章，用官方账号和微博号宣传产品，促进口碑营销。针对不同类型的消费者要提供不同的广告方式，例如，在网上购买过产品的消费者和没有购买过产品的消费者，他们获取信息的渠道不同，对于营销手段的看重面也不同。与从未在网上购买过产品的消费者相比，在网上购买过产品的消费者风险意识更大，在同等情况下也更愿意在网上购买。

### 二、商家应对页面评论的建议

1. 对网络负面评论进行回应

企业采取积极或防御措施，会减少潜在消费者的信心损失，可以弥补负面评论对购买意愿的负面影响。潜在消费者往往认为，由于网络负面评论不回应、不解释，企业不尊重负面评论所描述内容的真实性，公司的不回应行为使他们觉得公司没有作为、不承担责任或者事实就如负面评论所说，他们的信任和购买意愿会大大降低。而企业对负面评论进行解释或道歉会降低负面评论对潜在消费者购买意愿的负面影响。因此，网络企业必须通过合理的解释来回应负面评论，并提出解决方案。

2. 对整个商品购买过程中失误的严重性进行评估，合理处理互联网上的负面评论

在现实生活中，很多企业会选择统一处理负面评论。这种"复制粘贴"的应对方式无法修复负面评论的负面影响。当服务失误程度较低时，企业可以采取积极或防御的应对策略来管理负面评论。但当出现较为严重的服务失误时，商家应及时道歉，并对负面评论提供充分的解决方案，让潜在消费者感受到商家的诚

意和责任，消费者可以消除疑虑，恢复购买意愿。

3. 考虑消费者对不确定性的厌恶程度，企业应给出对负面网络评论的合理回应

对于高不确定性消费者，积极应对策略优于防御应对策略和无应对策略；对于不确定的消费者，企业可以采取积极或防御策略来应对负面评论。

店家可以采取会员积分、优惠券、现金返还、幸运评论等激励措施，鼓励消费者在收到产品和别人提问后进行评论。这不仅有助于提高商家的服务水平，也有助于引导潜在消费者的购物行为。

### 三、在线网站应对负面评论的建议

购物网站必须完善企业的评级方法。目前，国内购物网站对企业的评价内容主要有两个方面。第一类包括好评、中评和差评，对企业的服务、物流服务等维度进行打分。在这种评价机制下，店家可以选择不回复，但如果店家对负面评论不进行管理，负面评论会给店家带来严重的负面影响。因此，购物网站可以将负面评价管理指标纳入企业评价机制，促进企业对负面评价的及时有效管理，提高消费者对企业的信任。

通过大数据挖掘，将评论者的相关信息反馈给企业，让企业给出合理的答案。在购物网站上，通过探索大数据等技术手段，了解消费者的购物偏好和差评率，甚至感知风险等信息。例如，对于某一产品，主要购买者对风险非常敏感，避免不确定性。对于本产品的负面评价，店方应采取积极应对策略，对出现的问题道歉，并提出后续解决方案。对于整体负面评价率较高的评论者（即职业差评人员），如果评论不实、毫无根据，店方会进行合理的解释和反驳，并粘贴评价率，让潜在消费者对企业的信任度大于负面评价，减少负面影响。

## 第四节 感知风险

（1）感知风险与购买意愿呈显著负相关，对购买意愿具有负向预测作用。
（2）感知价值在感知风险和购买意愿之间起中介作用。
（3）感知风险存在显著的性别差异，男性感知风险高于女性；感知价值与购买意愿之间的性别差异不显著。在专业和消费水平上，感知价值、感知风险和购买意愿没有显著差异，网上购物的数量存在显著差异。

提高消费者的感知价值，降低消费者的感知风险，可以提高消费者的购买意愿。

相关分析、回归分析的结果表明，网络购物环境中的感知风险与消费者的购买欲望有着明显的负面关系，这表明感知风险越高，消费者的购买欲望越低。

1. 财物风险

财物风险与消费者的购买欲望的关联度最高，在网络购物过程中消费者的购买欲望受到金钱和产品方面风险的影响。由于网络购物的特殊情况，虚假信息很多，产品不确定性高，消费者担心商品质量、使用效果等与实际情况不一致。同时，如果购买商品的成本远远超过商品本身的固有价格，消费者的购买欲望可能相对较低。

2. 时间风险

因为购物网站的商品种类很多，所以消费者在线下购物的时候比线上购买商品时花费的时间成本高。网络购物会出现付款后不能马上收到商品的现象，其中存在一定的时间差。另外，收到商品后，如果产品不符合消费者的心理期待，下一次的退货和故障处理会花时间。考虑到这种风险的存在，消费者的购买欲望会降低。

3. 隐私风险

此外，还有隐私泄露的风险。由于目前网站技术的不成熟和虚拟网络的不控制性，网络安全问题常常引起隐私泄露。个人信息被偷拍的话，可能会给消费者带来陌生的电话和邮件的困扰。这些会增加消费者在购物过程中的风险，影响消费者的购买欲望。消费者对隐私和安全的风险感知也会影响消费者的网络购买欲望。一部分消费者对在购物网站上向商店和其他机构泄露个人信息表示抵触，网站默认会发布消费者购买的产品情况，这有可能侵犯消费者的隐私。

4. 心理风险

消费者购买商品使用后产生的不安和后悔的感情会影响消费者的自我印象和感知判断，容易给自己带来心理压力，这会影响消费者的购买欲望。

综上所述，网络环境下消费者感知风险，感受到购买欲望的模型与一般传统环境下消费者感知风险和研究购买欲望的结论一致。总的来说，感知风险和购买欲望有显著的负面关系，当消费者通过网络购物感知到的财物风险、时间风险、隐私风险、心理风险增加时，消费者的购买欲望就会下降。随着消费者感知价值的提高，购买意愿会相应地提高；随着消费者感知风险的提高，购买意愿会降低。

## 第五节　平台服务质量

### （一）注重细分市场，提升产品与服务的专业化水平

随着网民对网络购物的深入参与，综合性购物网站在提供专业产品和服务方

面的缺陷逐渐显现，这为网上购物市场细分提供了机会。

网购细分市场的发展基于两个驱动力，一个是消费者的需求驱动力，另一个是网络的功能驱动力。消费者的需求动力满足消费者一定的专业化需求，并提供深层次的相关产品。网络的功能驱动力通过技术创新开发新的互联网功能，并将其转化为商品和服务，是消费者需求的主动创造。

### （二）创建诚信企业

调查显示，消费者非常关注网购产品的风险。消费者的风险意识越高，消费的可能性就越大，但这并不是说网购产品的风险越大，消费的可能性就越大。如果一个平台不能保证产品的安全和质量，就不能保证网购平台的个人信息和账户信息的安全，产品图形和真实产品也有很大的区别，消费者在这个平台上购买产品的热情会急剧下降。

### （三）完善售后服务保障

当消费者对收到的产品不满意时，退换货等售后服务就会出现。此外，有些行业没有标准的规范化流程，很难确定产品损坏或变质的责任。电子商务平台或商家必须制定更为详细的规定，明确责任，保障售后产品的质量。同时，拓展售后服务反馈渠道，积极与消费者沟通，在解决问题的同时征求消费者意见，提高服务质量，树立良好的企业形象。

### （四）丰富产品种类，增加产品来源

随着人们生活水平的提高，消费者希望购买更丰富的产品。特别是一些年轻人，喜欢尝试不同的东西，这时候网上购物是他们的重要选择之一。如果电子商务平台将商品的品种增加，而且价格合理，就可以满足这一市场需求。

### （五）提高网店客服服务质量

1. 及时回复客户问题

Etsy、eBay等境外购物平台最大的好处就是买家能直接联系上店主，所以当买家联系询问时，客服要尽快回复。如果客服过了很久才回消息，买家可能已经转向浏览其他相似的店铺，并在其他回复及时的店铺购买。

2. 店铺政策清晰可见

客服可以在网页明显的地方列出产品政策和常见问题，让消费者在购买前知道具体的店铺政策，不要因为怕政策会吓跑消费者就把它们藏起来，如果店主担心潜在客户会被店铺政策吓跑的话，那么可能要重新评估并修改政策，至少达到消费者可接受的状态。

3. 发货及时又细心

在电子商务平台中，配送是客户服务的重要组成部分。商家需要建立一个系统来组织发货，以确保商品尽快到达顾客手中。尤其是易碎品，包装会使用一些特殊材料。同时，保证产品的交货时间符合店方的政策，尽量在截止日期前交货。如果能提前到达，将使顾客更满意。

4. 附赠礼品

想要提升客户服务体验，可以制定一些个性化服务政策。如果客服及时应答，政策也清晰可见，又能及时发货，那么客服已经提供了足够让客户满意的服务。不过客服可以做得更多，最好的办法就是给客户赠送一些有意义的东西，可以是手写感谢信、独特的手工包装甚至是特别的小礼物。

5. 及时解决纠纷

即使店铺管理得再好，仍然有可能出现纠纷，例如，包裹可能在配送中丢失、顾客没仔细看店铺政策或其他状况。当纠纷发生时，要寻找一个公平的方式解决。如果客服能快速并圆满地解决纠纷，客户整体还是会满意此次购物体验。

6. 社交化

卖家可以通过一些社交平台回复问题、进行评论、与消费者互动。现在消费者很多时间都花在社交平台上，店主可以通过微淘、微博发布一些店铺活动，利用社交平台的交流拉近与客户的距离。

客服的作用很大，除了要和顾客沟通以外还有很多细节上的问题需要客服关心，提升客服服务质量不仅是让顾客有更好的购物体验，更重要的是能提升店铺的转化率。

（六）提高客户服务质量

在社会经济快速发展的时代，企业的发展机遇很多。把握市场、抓住机遇是企业的首要任务。要想在市场上站稳脚跟，就必须了解市场和客户的需求。顾客是企业的上帝，只有获得了顾客，企业才能占领市场，获得发展的机会。因此，提高客户服务质量是一项非常重要的任务。为顾客提供最大的便利是必要的。在产品质量相同的基础上，提高客户服务质量，让客户愿意来，降低客户的退货率。

1. 礼仪礼节

在新零售中，导购员是商家与消费者之间的沟通纽带，在促进消费意愿中有着很重要的地位。导购应语气轻柔、声音稳重、真诚，音量和语速适中。随时准备好笔记，并确保记录另一方的信息以备处理。在介绍商品之前，应该把谈话的要点理清。收到对方答复后，要及时进行回复，全程保持微笑和良好的服务。

2. 客户服务态度

无论是在销售过程中还是销售结束后，商家都要有良好的服务态度。特别是要认真听取顾客投诉，做好记录，与有关第三方协调。在不违反原则的前提下，努力满足顾客的需求，这样不仅能赢得顾客的认可，还能带来良好的宣传效果，提高产品的美誉度，扩大销售群体。

3. 客户跟踪服务

跟踪服务和商品投诉的处理情况，与相关部门沟通后确定解决方案。经常拜访客户是非常重要的，让客户心存感激，让客户知道商家的高度重视，增加商家在市场竞争中的手段，也可以看作是情感投资，与客户进行必要的沟通，增加商家店铺的声誉，结果会提高店铺的竞争力。

4. 做好客户投诉服务

客服要分析客户投诉原因。

（1）对商品的抱怨：①品质；②残缺度；③价格；④标志不清；⑤产品过期；⑥缺货；⑦其他方面。

（2）对服务的抱怨：①工作人员态度不佳；②收银作业不当；③服务项目不足；④现有服务作业不当；⑤取消原来提供的各项服务。

（3）安全上的抱怨：①意外事件的发生；②环境的影响。

按原则进行处理，使客户的不满和投诉得到妥善处理，感受到情感上的尊重，最大限度地减少客户投诉的影响。同时保持冷静，认真倾听客户抱怨，先让客户发泄情绪，用客户的方式和语调安慰和理解客户当前的情绪，倾听发生的细节，澄清问题。

在这个过程中，要多从客户的角度为对方设想：①做好详细记录，对客户反映的问题表示感谢；②提出解决方案；③实施解决方案；④进行客户投诉汇总。

5. 提高员工素质

定期对业务人员进行培训，如销售沟通技巧、倾听艺术、营销口才、重点客户营销策略、商誉分析等，加强思想质量管理和员工服务意识，要求每位员工履行职责，同时组织员工学习各种专业知识，提高服务水平，加强对员工仪容、仪表的监督。以最快、最好的方式解决问题，解决不了的及时向领导汇报，让客户"热情而来，满意而归"。

客户在营销中起着非常重要的作用，客户就像公司的免费广告。当客户有好的体验时，他们会告诉其他 5 个客户，而有一个不好的体验时可能告诉其他 20 个客户。因此，如何让客户成为公司的免费宣传者，使公司实现长期的商业目标，客户服务非常重要，服务的质量将直接影响到公司的效率。

## 第六节　政策因素

目前，我国的网络购物法律法规包括《网络交易管理办法》《消费者权益保护法》《产品质量法》等，网上交易管理办法是专门针对网上购物而出台的。

《中华人民共和国互联网交易管理办法》第三条："本办法所称网上原材料贸易，是指通过互联网（含移动互联网）销售商品或者提供服务的商业活动。本办法所称相关服务涉及提供第三方交易平台、广告宣传、资信评估、支付结算、物流、快递、网络接入、服务器托管等营利性服务，虚拟空间租赁、网站设计和原材料在线贸易生产。"

### 一、中国政府对网上购物的政策

（1）《公共合同集中目录》中 80% 的项目实行网上合同，为购房者提供价廉物美、快捷的服务。

（2）为加强对集中公共采购基础数据和信息的管理，方便采购人员编制采购需求和预算，查询和比较有关信息，中央公共采购网随后建立了买方信息数据库、供应商信息数据库和原材料信息数据库。

（3）补贴电子招投标系统将正式投入使用，选择成熟项目进行全过程网上招投标并逐步推广，从而减少采购过程中人为因素的干扰，使采购结果越来越公平。

### 二、加强监督管理，营造良好的市场环境

与网购热潮相比，监管机制的发展相对落后，网上欺诈、网上销售金字塔、虚假广告等侵害消费者权益的行为，已成为限制网民参与网上购物的主要因素，此外，网上交易过程中的逃税行为，特别是规避关税的行为，也给国家带来了巨大的损失。

在传统的工商监管方式中，网上交易的监管存在着监管权责认定难、取证难、责任主体不确定等问题。在不断完善这方面立法的同时，应设立网络产业和行业办公室，以控制网络，打破地区和部门之间的权责限制，对网络交易进行日常监管。督促网络平台提供者履行监管职责，充分发挥消费者举报取证的作用。

第七章　消费者购买意愿的影响因素

1. 监督管理机构

从我国政府职能分工来看，质量监督部门主管生产领域，工商局主管流通领域，网购产品更多地参与流通领域。因此，质监部门在进行监督抽查时，最好与工商局联合下发文件，并强制工商局与网购平台合作。对不合格商品，按照《商品质量监督抽样检验程序具有先验质量信息的情形》文件要求，对下级电子商务平台和门店销售的商品进行处理，协助网购平台制定不合格门店的处罚机制，倒逼商店和生产企业重视产品质量。

2. 建立网上购物商品生产企业档案

据不完全统计，每个平台上运营的经销商超过 20 万家，厂商超过 5 万家。每年都有一些调整和变化。网上购物生产企业的档案制作难度很大。因此，我们应该循序渐进，分阶段对网购商品生产企业进行生产档案管理。全球 30 多家网络营销企业（包括目前主要的网络购物平台，如天猫、京东、淘宝、唯品会等）和年销售额超过 1 000 万元的企业，要优先建立档案银行。

3. 后处理机制

根据网购产品标签的特点，可将商品分为："三无"产品、可追溯的产品、假冒的产品。其中"三无"产品，是指工厂所在地来源不明、无厂名的产品。可追溯的产品是指有产品真实的厂名和厂地标识说明。根据国家质检总局①实施的《产品质量监督抽查管理办法》，质量监督部门在产品质量监督抽查中，根据产品质量监督抽检结果，全面公告、通报、完善、回收、复检、行政处罚，并采取调剂等后续措施。

要建立适合电子商务产品的监督管理模式，不能忽视对"三无"产品的监督管理。对网购商品抽查后发现没有三无商品的，可以继续抽样，通过平台、店铺跟踪实际的生产企业。如果不能追踪生产企业，就以店铺为责任主体，对公告、通报、改善等进行后处理，由店铺来执行。

国务院办公厅印发了《实施质量发展规划 2018 行动计划》，明确加强了电子商务等新兴产业的质量安全监管，而质监部门根据职责，探索了网购商品质量监督管理的新模式。这就要求质监部门加强对网购商品质量的监督管理。在实践中，网购产品质量管理的样品采集、样品确认和后续处理都不同于传统的监督管理。此外，还存在假冒伪劣产品、未经认证产品、欺诈产品等新的问题。因此，建立和完善网络购物商品的监督管理体系任重道远。

---

① 现国家市场监督管理总局。

## 三、建立网络维权相关机制

### 1. 建立和完善相关法律法规

我国的网络购物纠纷主要是根据《合同法》《消费者权益保护法》《产品质量保护法》等法律进行调整，但没有国家法律法规专门规范电子商务。由于网络购物的特殊性，这些法律法规并不适用于网络购物。他们在处理一些网络购物纠纷时甚至束手无策，远远不能满足网络时代的要求。因此，建立和完善与网络购物相关的法律法规对我国具有重要意义。赔偿责任规定了合同方式、赔偿主体、纠纷解决机制、权利义务、赔偿渠道等。

### 2. 建立销售商准入和营运商认证制度

网络销售市场对消费者来说是一项高风险的投资，为了避免其权益受到侵害，应该建立严格的产品销售商准入和网络运营商认证制度，从事网络销售的企业应制定更高的标准，加强考核和严格控制。国家行政机关应当严格审查公司的注册资本、来源机构、产品质量和价格，严格检查公司的信誉和网络信息内容，否则不得进入网络市场；网络运营商可以对未经准入登记的个人在网络上发布的销售信息进行限制，设置自动退出系统并及时删除。网络管理档案的建立和程序化管理的启动，要求网站所有者提供相关证据，包括法人和网站基本信息，注册、接收和安装电子注册标志，表明网站的经营权受法律保护。

### 3. 建立全国性的在线争端解决机构

消费者协会在维护消费者权益方面发挥了重要作用，这是不争的事实。但消费者协会本身是受权力制约的，比如没有判断权、没有执行权等，消费者协会维权力度有限，消费者权益不足以得到实质性保护。如果条件允许，可以在基层法院设立"网上法庭"，专门受理网购冲突。如果目前没有条件，可以由民事法院审理。

## 四、网上购物评估机制

从市场规律来看，如果没有最合适有效的生存机制，就会出现劣币驱逐良币的逆周期"平均不良评价"，不仅是消费者对仓储服务的评价水平，也是识别和控制不良资金、提高管理效率的平台。

围绕"中差评"，一些网店和消费者产生了不同的感受。一些网店经营者认为，如果消费者基于单方面感受提供"中差评"，有的甚至出于某种目的恶意"差评"，会对自己造成严重影响。不过，消费者希望有一个舒适和直观的"中差评"选项。究其原因,部分门店为了维护自身利益,会采取"刷帖"等虚假行为。反映消费者真实意图的信息被"刷屏",消费者将失去这一重要的维权工具。

据了解,多数平台都开通了企业投诉负面批评的渠道。然而,一方面,很多企业抱怨平台"客户专用",导致了不公平的结果;另一方面,《电子商务法》和《网上交易监督管理办法(草案)》都明确要求电子商务平台经营者不得删除用户评价,这使得商家在面对恶意差评时处于被动位置。因此,平台单一的评价机制早已跟不上行业的发展,完善评判机制成为平台方和监管部门亟待解决的问题。

完善网购评判机制,才能刹住恶意评价的歪风。平台方要完善商家的申诉机制,去除"唯顾客论",既要保障消费者的合法权益,也要避免商家被恶意差评敲诈,必要时,可以为消费者和商家开通对话渠道,再由平台判断处理,如确实遭遇恶意评价且情节严重,可选择报警。

商家应坚决拿起法律武器捍卫自己的合法权益,不要抱着怕麻烦的心态大事化小、小事化了,这样只会助长恶意差评者的嚣张气焰。同时,消费者、商家、平台也应通过诚信来构建彼此的信任,并与监管部门通力合作,彻底将恶意差评拒之门外,维护良好的网购平台秩序。

由于网络购物的信息不对称,消费者容易遇到一些虚假信息,造成评价体系、产品照片与实物不符,自身权益被损害。电子商务平台应加强对各类信息造假的严格管理,防止店铺信息造假的蔓延。

## 五、进一步完善"三包"机制

修订后的《消费者权益保护法》第二十四条扩大了"三包"制度的适用范围,赋予消费者更多的售后服务选择权。"三包"政策是零售企业销售商品"退、换、修"的简称。商品进入消费领域后,买方购买的商品由卖方负责,为产品质量问题造成的故障提供服务。

(1)在"三包"有效期内,经两次修理仍不能正常使用的产品,根据维修人员提供的维修记录和证明,卖方免费为消费者更换同型号、同规格的产品,或者依照本规定第十三条退货,或者按照销售合同的约定处理。在"三包"有效期内,制造厂未提供备品备件,自修理之日起超过九十天未修理的,修理人员应当予以说明。根据法律规定,生产商和供应商应按照补偿或销售合同进行处理。由于维修人员的原因,如果维修时间超过三十天,同型号同规格的产品可以免费更换给消费者。费用由修理工承担。

（2）在"三包"有效期内，销售者没有同一型号、规格的产品，消费者不愿意更换其他型号、规格的产品的，销售者必须退货，并按照本规定收取旧产品折旧费。折旧从发票开具之日起计算至退货之日止。

（3）更换商品时，不得向消费者提供有缺陷或者修理过的产品。"三包"换证后的有效期自换证之日起重新计算。卖方应在发票背面加盖兑换章，提供新的"三包"凭证，或在"三包"凭证背面加盖兑换章。

（4）在"三包"有效期内，除因消费者保管不当导致产品不能正常使用外，维修人员应免费维修（包括材料费、人工费）。对应当实行"三包"的高价产品，维修人员应当提供合理的运输费用，然后依法向生产者或者销售者追偿，或者按照合同约定处理。

（5）提倡销售者、修理者、生产者在"三包"有效期内提供现场"三包"服务。

# 第八章

## 提升新零售背景下消费者网络购买意愿的方法

# 第八章 提升新零售背景下消费者网络购买意愿的方法

商业活动的根本目的是通过提供产品或服务，满足消费者的需求，从而获得生存和发展。在新零售背景下，企业提供的产品和服务必须适应消费者的需求，根据影响消费者网上购物行为的因素制定有效的营销策略，增加消费者购买意愿。

平台可以通过提高物流的时效性、优化线下服务体验环节、打造正向口碑、提高网络购物安全性和服务质量等增加消费者的购买意愿。

## 第一节 了解网络消费模式，持续做好新零售

新零售提倡线上与线下结合，消费场景是线下的体现，能够弥补线上消费体验感不足的劣势，将线下的资源带到线上，同时将线上的资源向线下引导，形成线上与线下资源的互补。

新零售平台可以通过提升物流时效性和优化消费者线下体验环节来促进消费者的购买意愿。

目前新零售的应用十分广泛，包括零售社区团购、同城配送、生鲜等板块，新零售主要通过线上商城、小程序、App 等工具实现线上与线下的互通，进而实现产业转型。

零售商店利用网上购物中心满足筛选、收藏和购物的需求，方便客户实现从在线发起到监督的多个流程。之后，可以利用库存系统对进出仓库的新货进行扫描，并通过一个小程序将日常仓储、运输、销售的全过程转化为在线活动，实现仓库扫描码的发放、仓库序列扫描和存储码扫描，使这个复杂的过程变得方便，为库存控制节约时间。同时，它可以利用云系统集成客户录入、客户标签管理、订单管理和云性能。通过对互联网大数据的精确计算和分析，为企业提供清晰的数据，方便企业在经营和销售的高峰期更好地采购和配送货物，减少不必要的货物存储，减轻企业发展的压力。

线上与线下结合的新型零售模式有助于传统商家转型，让越来越多的中小企业享受到互联网带来的商业红利。

### 一、提高物流时效性

获得竞争优势的方法有很多种。在 20 世纪 60 年代，企业的目标是降低成

本，提高劳动生产率，为客户提供更便宜的产品。20世纪80年代，竞争转向质量，企业要提供更好的产品和更好的服务。在20世纪90年代和21世纪，成本和质量仍然是重要的竞争手段，同时，在许多行业，时间已经成为新的竞争目标，需求趋于多样化和个性化。

电子商务可以大大简化企业的业务流程，降低企业的运营成本。现代企业不仅要生产适销对路的产品，采取适当的营销策略，而且要加强质量管理，强调及时性。

### （一）京东商城的物流策略

目前，京东有两个物流配送体系，一个是由百健打造的物流体系，另一个是与第三方合作的物流体系。京东在北京、上海、广州、武汉、西安、成都等城市建立了物流配送中心。2009年，京东获得的融资资金中，70%用于物流体系建设，使其在物流配送中心80%的辐射范围实现24 h内送上门。现在，只要消费者购买现货产品，从订货到发货只需1.5 h。消费者可以在线查看订单的状态，很快收到购买的商品，获得良好的体验。

京东建立了自己的物流和仓库，并与品牌经销商进行合作，利用这些资源，增加业务量。

### （二）解决农村网购物流配送不到位的问题

农村家电及电子产品网购占很大比例。京东、苏宁、国美在线等大型网上商城都提供快递服务。其他物流公司将快递累计到一定数量，定期配送。

### （三）获取物流信息关键节点时间

实现物流及时性监控，最重要的是快递公司送货时间、买方签字时间（快递公司上传到自营平台并同步到电子商务平台的时间），物流及时性监控系统可以从电子商务ERP数据库中导入必要的订单物流信息，还可以通过授权API直接从天猫平台或其他主流电子商务平台获取门店订单的物流信息。物流企业可以通过开放的界面掌握物流过程。

通过对物流信息的分析和关键词的匹配，得出物流及时性监控所需的接收时间和签字时间。快递公司在一定范围内的送货标准时限，以快递公司正式放行的时限或双方约定的时限为准。

### （四）监控物流及时性

为了降低物流成本，提高配送效率，许多电子商务公司与不同线路、不同地区的不同快递公司合作。物流及时性监控系统根据仓库、快递公司和目的地区域，以及发货订单数量的分布和比例（12 h内、12~24 h、24~36 h、36~48 h，

48～72 h），能够准确判断合作快递公司的服务质量，用定量的方法评价快递服务的质量，提高管理能力和服务水平。

物流及时性监控系统还可以对异常物流订单进行预警。例如，订单超时后，客服可以提前介入仓库、快递公司和买家之间的沟通，避免更大的冲突和损失。

物流及时性监控系统通过数据积累，可以提供按天、月、年或其他周期的各种统计表。

1. 物流时效监控系统的基本功能

（1）自动更新订单的物流信息：定期从电子商务平台获取订单的物流信息。

（2）识别物流渠道信息的渠道状态：通过关键字从物流流程信息中获取验收、签字、异常等信息。

（3）物流标准及时性管理：设置每个仓库及时到每个目的地的标准。

（4）物流状态独立监控：运营商独立调查指定订单的物流流程信息。

（5）加班物流函总提示：如果警告超过设定时限，则提示订单未签字。

（6）各配送区域快递及时率月报：指定月份内各仓库快递的订单数及快递的订单总数。

（7）各发货区域及时率月报：指定月份内各仓库发出的订单数及仓库发出的订单总数。

（8）门店及时率月报：各门店所有仓库在规定时间内发出的订单数及指定月份内该门店发出的订单总数。

（9）收货省份及时率月报：在指定月份内，根据目的地统计订单及时率。

（10）异常订单月表：快递公司统计指定月份的异常订单数。

2. 物流时效监控系统的部署

物流实时监控系统采用 SaaS 架构，数据库和管理计算模块在云端实现。电子商务企业可以通过 PC 使用应用系统的功能模块。

操作员可以在 PC 上显示统计报表，配置定时任务，将指定报表发送到指定邮箱进行查看；还可以连接指定的微信公众号，将统计报表用于官方账号。

**（五）提高物流配送时效**

1. 提高物流的时效性

对系统进行有效的编制、执行、修正及监督，对整个工作过程中的生产、交换、分配、流通四个步骤有效地进行计划管理。

2. 控制物流工作的质量

控制物流工作的质量是物流工作的重中之重，物流服务质量的提高意味着管理水平的提高。

3. 提高物流设备的利用率

提高物流设备的利用率，从而提高时效，对物流专业技术进行开发和培训。依托强大的物流软硬件，有效地添新补旧，淘汰一些影响工作的设备。

4. 控制成本

物流工作中影响资金链的核心是成本，要对物流资金进行有效控制，对人员的劳务价格进行核算、分析等。

(六) 提高服务质量

随着市场占有率与人均日消费水平的显著升高，网购日交易量节节攀升，既直接促进了物流快速流通，又给物流带来了压力。由于用户等待快递要3~5天甚至更长时间，因此，提高物流配送时效成为首要任务。

电子商务的渐渐发展与壮大催生了很多物流公司与快递企业，物流配送的时效体现了公司的综合运作情况，直接反映一个物流公司的实力。

## 二、优化线下体验环节

以服装行业为例，线下实体店的退货率为1%~2%，而网店的退货率为30%，由此可见，服装行业的用户体验是非常重要的。线下商店有试衣室供试衣，用户现场体验感强，满意度高。传统电子商务无法为用户提供线下体验，这是网络消费固有的缺陷，也是新零售产生和发展的根本动因。

在经历了区域战、营销渠道战、服务终端战之后，产品营销要增强消费者的体验。营销的最后堡垒是零售终端。体验式营销可以缩短消费者的心理距离，让消费者真正与产品零距离。

新零售发展到现在，无论是"线上+线下"的融合、还是"零售+供应链"生态链的组合，在新技术、新模式、新手段的帮助下，人们开始重建零售业态。电子商务平台从基于流量的撮合平台转变为基于研发的赋能平台。通过向企业提供新技术，更好地促进流量变现。

1. 产品品质和陈列提升

新零售的模式采用会员制的用户管理方式。会员制的核心是筛选核心用户进行重点服务。新零售模式的重点是为自己的核心客户群甄选最符合他们口味和需求的产品，在陈列方式上更贴近不同场景下用户的需求。比如，盒马鲜生售卖切配好的蔬菜组合，可以为白领节省选择和做饭的时间成本。

## 2. 技术支持下的贴心服务

线下门店要有独立的用户数据系统，支持门店的业务，以及产品的研发和管理，并利用百度搜索、行业报表等相关数据进行辅助，最终满足消费者的需求，增强消费者的参与感。

人脸识别、刷脸支付等新科技可以用在门店接待中。对于到店的客户，使用人脸识别可以快速识别老客户，门店可以据此进行个性化服务，匹配客户熟悉的人员接待，提升客户的体验。

## 3. 视觉、声音感觉系统优化

店面的视觉形象影响用户的第一感觉，统一的整体形象和特殊标志是店面视觉识别的一部分。

具有鲜明形象的商店需要与目标受众相关的在线视觉识别系统。合格的线下实体店能够利用颜色和摆设使目标客户产生群体认同和归属感。

声音的影响力也非同小可。比如，咖啡厅一般会用轻音乐作为背景音乐，不仅能够抚慰客户情绪，还能产生品牌记忆和认同。

## 4. 提供超预期的增值服务

除了产品之外，新零售商的市场竞争更多的是服务。当产品同质化时，门店的核心竞争力很大程度上取决于服务能力的强弱。通过提供附加服务，门店可以与用户建立深度关系。除了购买产品的用户，还可以建立多渠道的沟通模式，增加用户支持，改善用户体验。

门店与用户建立更深层的情感联系，会有更多的机会与用户沟通。例如，普通的外围服务（免费送货）和日常服务（接送和快递）都可以与用户建立良好的关系。

自媒体时代，每个客户都是"媒体"。让核心用户群参与门店的运营体验，通过用户的社交关系，在社区或者虚拟社群分享使用心得即可进行二次传播，实现裂变。

## 5. 举办活动

线上虚拟的购物不能满足所有人的需求，线下体验能够给人们增加生活的乐趣，提升消费者对门店的感知和黏性。

门店可以举办活动，激活稳定但不够活跃的消费状态。也可以增设新产品、改变布局或进行有趣的活动，营造人气吸引消费者，让消费者感受到乐趣，拓展自己生活的边界。

### 三、优化线上与线下整合模式——以生鲜电子商务为例

随着我国电子商务市场的发展、O2O 模式的兴起及二维码扫描技术的成熟，生鲜电子商务在网上深度整合自身的商业优势，推动传统生鲜产业升级换代。

1. 强化消费主导模式的互动营销

中国经济逐步进入消费主导型模式，"80 后""90 后""00 后"成为生鲜市场的核心消费群体。他们有较强的自我意识，更加关注伴随消费而来的情感价值因素。同时，消费者对生鲜产品的功能价值要素有更高的标准，如时间价值、商品质量、购物便利性、多样性等。消费者的消费呈现出多样化、个性化的趋势。

生鲜电子商务通过在线布局，加强与消费者的沟通，在网络营销中注重引导消费者的高品质生活需求、产品的性价比、产品品质和手机智能消费体验。

在生鲜食品行业，流量影响销售量，用户的活动直接反映生鲜的销售和收入状况。以消费者为主导，在企业与消费者之间建立双向、高频、深度的沟通，满足消费者参与的需求。根据实体店的促销和网上服务信息，发放折扣券，以"粉丝"抽奖的形式激发消费，提高"粉丝"的关注度和商家曝光度。

2. 建立消费习惯，打造生鲜口碑

（1）通过 PC 终端和移动终端进行多场景营销，通过季节、节日、气候构建主题营销，如中秋节期间开展"吃螃蟹"主题营销，冬至期间开展明胶、胡萝卜、鲍鱼等营养商品供应的主题营销。通过官方微信公众号、微博视频和手机应用程序展示中国传统节日、季节和地方特色的主题。多场景营销将营销主题的表现最大化。消费者可以通过多屏互动感受企业的活动，了解产品后购买。

（2）线下店要增加多场景营销、消费者痛点内容、现场烹饪、清洁就餐环境、展示生鲜屠宰流程等。

（3）重视社区营销，建立社区媒体。在现有网络营销渠道的基础上，积极发展微信朋友圈、短视频网站、短视频应用等社区媒体，把握热门网络流量区域，跟进讨论内容，建立消费关系网络。通过网络美食节和美食节目，为"粉丝"提供试吃，增加"粉丝"数量和品牌影响力，创造口碑。

## 第二节 熟悉消费者的购买心理，获得消费者认同

### 一、注重打造企业正向口碑

企业口碑直接影响企业的品牌形象，好的口碑可以帮助企业树立品牌形象，

# 第八章 提升新零售背景下消费者网络购买意愿的方法

而坏的口碑直接影响到企业的形象及销量。

## （一）强化消费者的第一印象

真正的营销目标不仅是熟悉消费者，更是培养销售人员，建立消费模式和品牌忠诚度。营销的关键是了解目标消费者对产品的看法及深层次需求，在目标消费群体和自己的产品品牌之间找到联系。在此基础上设计合适的品牌信息，并在合适的接触点将其传播给目标消费群体。

## （二）直接阐明消费者的核心需求

每个品牌都有自己的"独特销售计划"，这就是我们通常所说的产品销售点。一些品牌通过制订合适的销售计划，取得了良好的销售业绩。然而，大多数品牌仍在做表面定位工作。当品牌不完全了解目标消费群体的基本需求时，就会对消费者强加一些推设或可取的立场，公司和品牌存在着大量令人困惑的信息，这些信息让企业的品牌管理者和专业的传播者混乱。因此，在没有挖掘准确消费者核心需求的前提下，仅用一些虚无缥缈的定位资源制定定位诉求策略是不可能成功的。

## （三）明确品牌竞争的主战场

在当今媒体爆炸、信息高度密集的时代，消费者每天会接收到成千上万条品牌信息。大型超市里陈列的商品有上千种，消费者能记住的却寥寥无几。

人们赖以生存的记忆一般储存在短期记忆区。随着新信息的不断接收和过滤，记忆区域会不断更新。连贯信息的传播不仅是一个战术问题，更是一个战略问题，因为我们不仅要让消费者记住自己的品牌，还要使自己的品牌长久被记住。当前的传播策略必须注重火力，对目标消费群体发起强大的攻势，以强化消费者对品牌的印象，形成不断增长的记忆。

广告传播是品牌建设的长期投资。因此，应该对品牌的根本利益有一个简单明了的介绍，并保持持续的沟通行为，赢得消费者的青睐，获取更多的市场。

## （四）通过多种渠道宣传，普及农村消费者

很多农村居民不了解网购的具体操作流程，这限制了他们网购的热情。多渠道广告可以有效弥补这一不足。比如，商家可以通过推广网络视频购物，让农民了解网络购物。也可以通过一些课程和传单，把科学知识传播给农民，让他们更好地了解网上购物，提高实际操作的能力。

## （五）做好口碑营销

1. 社会化媒体是口碑营销的加速器

媒体赞助是实现品牌化的重要途径。新产品或新品牌必须建立良好的媒体

渠道。

现有的社交媒体主要有论坛、微博、微信和抖音。其中微博和抖音都具有很强的社交属性，口碑传播的效果好。

微信是口碑营销的天然场所。无论是朋友圈的精心营销还是微信公众号的推广，微信具有很强的分享属性，通过分享文章就有可能带来展示品牌、提升品牌知名度的机会。

口碑营销对于主打时尚品牌的行业尤为必要。每年，各大时尚品牌在推出新产品前都会花大量资金进行媒体投放、明星代言、购买广告版面等操作。在社交媒体时代，营销带货的方式更是繁多。

为了凸显品牌或产品的价值，商家往往借助流量明星和"网红"代言，增加流量。

社交媒体不仅包括在线营销，线下活动也是社交媒体的重要渠道。事实上，线下品牌活动的口碑效应有时比线上品牌要好得多。在口碑营销的新时代，品牌应该更加重视线下活动的开展，并将其与线上活动结合。

2. 好产品是口碑营销的发动机

一个好的产品必须是能让用户尖叫的产品。在小米手机上市之前，小米的MIUI系统已经成为数字发烧友的热门产品，为小米手机在业界口碑的形成做出了巨大的贡献。其实，积累一年以上的声誉并不长，有的产品为了打出名气进行长达几十年的蛰伏。只要营销行动最终有效，这就值得。

3. 搜索营销优化

商家通过在百度引擎、BBS、问答、微博等媒体上进行软文的编辑，当消费者在互联网上搜索品牌关键词时，出现的对品牌的评价就能够很好地表达商家的需求。

现在很多消费者会检索微博和小红书的真实性，因此优化微博和小红书的信息也是企业口碑营销的重要任务之一。

4. 通过软文、新闻等形式，从第三方的角度解读品牌

以数码产品为例，在新产品上市之前，各大数码品牌都会通过评估对新产品进行预热。

如今，最流行的数码产品评估形式应该是 Vlog。消费者不仅可以通过权威的媒体了解产品的质量，而且可以用自己的主观感受来看待评价的 Vlog。

5. 通过主题事件造成"病毒式"传播

主题事件的实质是通过一些容易引起社会讨论的事情，引发热门主题。它是

由品牌本身或品牌委托的设计公司根据品牌或产品的特点，设计具有一定社会报道或娱乐价值的内容，通过媒体平台结合热点事件进行营销，最终形成"病毒式"传播。

6. 用户参与是互联网口碑的润滑剂

消费者、品牌和产品之间的关系逐渐发生了颠覆性的变化。虽然"顾客就是上帝"的精神内涵没有改变，但表现形式发生了变化，消费者和品牌之间的关系是平等的。

（六）优化策略

（1）产品分析和关键词定位要以产品属性、功能、定位、特色为基础，提升关键词的热度。

（2）口碑优化内容要素包括关键词匹配度，关键词密度，关键词与品牌词的文字位置，篇幅段落结构，内容原创性、可读性。

（3）口碑优化内容投放包括渠道选择和投放执行。

（4）口碑优化信息优化包括优化操作和效果追踪。

（5）营销总结包括数据分析和策略优化调整。

（七）公益营销

公益活动是一种长期的营销活动，参与公益活动，既能够体现企业的社会责任感，还能够给消费者留下良好的印象。事实上，这是一个潜在的、长久性的企业形象广告。

（八）终端推广

一般来说，消费者对消费的认知也有一个过程，他们通过广告建立对所需商品的第一印象和初步的了解。这对实现销售交易没有多大帮助。由于时空转换的距离壁垒，消费者一般在家里接受广告，从家到销售终端有一定的距离，消费者的短期购买冲动会由于这种"距离壁垒"削弱。一些消费者会带着某种目的去购买，当他们到达现场时，却购买了另一个品牌的商品。这反映了不同企业对终端控制能力的差异。

销售终端促销的功能是唤醒消费者的购买冲动，借助横幅、海报、小礼品和人员介绍，让消费者下定决心，最终投入购买行动。终端促销可以使品牌与消费者进行近距离接触，把终端作为与消费者沟通的平台或工具，其过程更具可控性，效果更易评价。

空中广告形成优势，终端广告促成销售，空中广告对消费者的拉动力有限，只有与终端店的推广结合起来，才能发挥更大的作用。要占领市场，关键是要在终端上多做文章。

### （九）媒体广告

广告在营销中起着传播的作用。在市场高度同质化的今天，越来越多的企业逐渐意识到，要想在产品上占得先机是很困难的。只有传播才能创造品牌竞争优势。现代企业的市场竞争力是商品力、销售力和形象力的综合体现，三种力量的架构依赖广告作为信息传播的手段。广告是通过电视、报纸、杂志、网络或广播等媒体来实现的，这些媒体拥有大量的受众群体。

## 二、提高平台的安全性

### （一）商家应采取的措施

广大电子商务企业应加强网站安全建设。消费者在网上购物中最关心的是隐私保护和网站安全。

为了让消费者满意，成为忠实的消费者，购物网站必须让消费者感到安全和信任。因此，网站建设应提高信息的安全性和真实性，维护消费者的隐私，保护消费者的利益，保证交易能够顺利进行。

1. 规范网购市场诚信，实行实名制备案

改善网络购物环境、促进电子商务发展、加强网络诚信建设势在必行。针对网络上商家鱼龙混杂的现象，应建立严格的网络销售商和网络运营商资格准入制度。网络运营商可以向销售商收取一定的赔偿准备金，设立专项资金库，由相关部门进行监督管理。当销售商有欺诈行为或者所销售的产品存在质量问题时，网络运营商应当向销售商支付赔偿金，经法院判决后，赔偿金可以先用于赔偿消费者。

网店虽然是虚拟店铺，也应规范管理，及时在工商行政管理部门办理实名制备案，以提高网店的信誉，加强市场规范，促进网络购物的良性循环。

2. 建立完善的售后服务体系

建立完善宽松的退货制度等售后服务体系可以更好地赢得客户的信任。网站上公布的较长的退货期和保修期是商家赢得客户信任的重要因素。如果商家对所售商品不提供退货和保修服务，客户会质疑商家的信誉，对购买产生犹豫。如果商家通过提前提供宽松的退货政策来降低客户的风险，消费者就会信任商家，起到良性的作用。同时，商家应保证信息的真实性，忠实履行交易承诺和义务；公开自己的信息，详细介绍企业、产品、主要负责人，提高透明度。

## 第八章 提升新零售背景下消费者网络购买意愿的方法

### 3. 在线交易凭证可以实时打印

网上交易不方便获得消费凭证。网上购物凭证可由自助银行柜员机打印。消费者在网上购物时，可以打印交易的详细内容、方式和时间，作为日后维权的依据。很多网店为了一时的利益，不主动提供，甚至拒绝提供发票或购物凭证，侵犯消费者的权益，对行业造成不利影响。因此，应通过立法限制网上商家不提供发票的行为，强调消费凭证支付的重要性，提高交易的诚信度。

### （二）对消费者应采取的措施

#### 1. 网络购物中的预防措施

（1）消费者在网上购物时应该尽量选择正规的、有一定知名度的网店和网站。这些网店和网站在运营之前，一般会在工商部门注册备案，一旦发生欺诈行为，行政机关将采取相应措施保证消费者的利益。

（2）消费者在决定网络购物消费时，必须与卖方交流，例如产品疑问、信用状况、协议条款及配送方式等，在确认商品和商家正规后再进行网络购物。

（3）尽量选择货到付款，如果需要在线支付，最好选择没有太多存款的银行卡付款，防止密码被盗，避免不必要的损失。

（4）在提交订单之前，再次确认产品的信息（颜色、尺寸等），特别要注意保存电子证据（与客服的交流记录等）。如果发现商品有质量问题，应及时与售后服务沟通，协商调解。发现诈骗的，应当及时报警。

#### 2. 提高警惕，避免陷阱

（1）低价诱惑。在网站上，如果产品的价格是市场价格的一半以下，就不要轻易购买，要提高警惕，看看交易的评价，确保产品的质量。特别是名牌产品，除了次品和二手货以外，正规渠道采购的产品价格和市场价格没有太大差异。

（2）不安全链接。不法分子使用非法网页、链接，利用巨额奖金和奖品等吸引消费者浏览网页，盗取消费者的个人信息。在消费过程中，不能轻易打开陌生的网站，并及时更新杀毒软件。对于敏感信息必须确认数据是否加密，并通过安全途径发送。如果有需要打电话确认的事情，请一定要确认对方的身份，再进行处理。

#### 3. 谨慎选择购物的网店

消费者在网上购物时，需要识别商店的规模和信用。

（1）网站域名是否符合域名规则。

（2）红盾标志。红盾一般在主页的底部，这是工商管理部门注册的网站。

（3）联系方式。一般来说，大型网络销售平台具备公司信息和客户服务的联系方式，而假网站往往无法提供真实的联系信息，经常只提供 QQ 号。

（4）产品信息和消费者反馈。其他消费者的评价，既可以作为购物的参考，也可以鉴定网站的信息。

（5）支付信息。仔细检查支付方法，一般的正规网站有各种各样的支付方法，但是网购欺诈交易方式是单一的，只能用银行汇款的方式。

（6）发票信息。大宗购物要索取发票，正规网站一般提供发票。

（7）售后服务条款。确认商品的修理和退货条件。

4. 索要购物凭证

消费者购物后，应立即要求卖家提供购物收据，保存购物时的相关信息，作为证据。不能提供购物收据的网店应该排除在购物范围之外。这样的网店不是商品质量有问题，就是不愿意承担售后服务等责任。如果商品发生问题，没有购物凭证和发票，商店将以此为借口，拒绝赔偿，严重损害消费者权益。

5. 选择货到付款

在网上购物尽量选择货到付款，这样可以更好地保护消费者自有资金不受损失。货到付款（Cash-On-Delivery，COD）是指在购物时下单，在物流人员将货物送到指定的交货地点后，消费者先核对货物，再将款项支付给物流人员。货到付款虽然需要支付一定的手续费，但可以防止付款后不发货，或者货物在运输过程中被调换以及货物与描述不符的现象，对网络购物欺诈起到预防作用。

（1）不要提前确认收货。不要以为使用类似支付宝等第三方托管平台就绝对可以放心，一定要事先仔细了解网站的交易流程和相关规则，并尽量用相对安全的购物方式。对于像淘宝这样使用第三方托管的购物平台，一定不能提前确认收货，在收到货物并核实无误后才能确认收货和付款。

（2）切记保留交易网站批准的交易记录，避免私下交易。不要因为急于达成交易而通过留言的方式私下向卖家留下个人联系方式，这样，网站就无法掌握真实的交易记录和信息，也没有办法处理可能出现的投诉和纠纷。

（3）不要打开任何来自卖家的支付链接。这种操作虽然很方便，但也很危险。很多钓鱼网站的界面都是假的，打开相关链接不仅会损失交易金额，还会损失支付账户中的全部金额。

### 三、提升员工的服务水平

（一）员工在线

人机一体化不仅是面向消费者的，也是面向每位员工的。在信息化时代，不可能为每个销售人员提供一台电脑,也不能要求他随时打开电脑。但如今,每个员工的口袋里都有一部手机,可以实现人与计算机的一体化。如果企业不让员工在线这个人机一体化到位,剩下的几项在线工作都难以实施。

### (二)关注售前和售后服务

1. 建立信任、加强沟通

借助关系营销维护购物网站的长期消费者,其实质是通过提高消费者对购物网站的信任来建立消费者对购物网站的忠诚度。购物网站应通过识别消费者类型,分析消费者的主要需求,建立消费者数据库,使网站工作人员在为不同类型的消费者提供服务和产品时,能够真诚、务实地帮助和方便消费者。

购物网站要积极参与消费者的购物过程,不断增强消费者对购物网站的了解,及时与消费者沟通,帮助消费者了解交易情况,增强网上服务的人性化,使消费者感受到尊重,建立消费者对购物网站的良好印象,提高消费者的购买倾向。

2. 提供优质的售后服务

购物网站为消费者提供优质的售后服务,建立消费者意见的反馈渠道和服务评价平台,如网上问答、意见反馈、电话咨询等方式,认真听取消费者意见,制定有针对性的补救措施,让消费者满意,不仅是责任,也是品牌的需要。

3. 细化用户评论版块

细化信息内容,吸引用户评论信息,保持高公信力评论员的活跃性,特别是对于女性和年轻的网购者来说,提高用户评论的质量和数量可以显著提高营利能力。

4. 提高网络购物服务的实体性

提供与传统购物一样高质量的购后服务是进一步营销的关键。

5. 提升意见领袖网络互动性

意见领袖的参与度越高,网站获得的互动效益和效果就越大。把握意见领袖的特点,对商业购物网站提高活动频率具有重要意义。

### (三)提升服务水平,提高消费者满意度

消费者满意度取决于他们感知到的顾客价值。顾客价值强调关注消费者的需求,利用自身的竞争优势,为目标消费者提供超越竞争对手的价值,从而与消费者保持互动关系。顾客价值是一种感知价值,是在权衡顾客感知的利益和获得产品或服务的成本后,对产品或服务绩效的总体评价。不同消费者对同一产品或服

务的感知价值因其知识和经验的不同而不同。这说明顾客价值具有明显的动态性和个性化。顾客价值是综合考虑的结果，是顾客总价值与顾客总成本的差异。

（1）顾客总价值是顾客从特定产品和服务中获得的一系列价值，包括人员价值、产品价值、服务价值和形象价值。

（2）顾客总成本是顾客在购买某种产品或服务时所付出的时间、心理、体力和货币资金，包括货币成本、时间成本、体力成本和心理成本。

在一定的搜索成本和有限的知识、灵活性、收益等因素的限制下，顾客形成一种期望，判断是否满意，决定是否再次购买。

1. 加强消费者感知服务

消费者的购买决定不是由单一因素驱动的。企业在为消费者设计、创造和提供价值时，应以消费者为导向，以消费者的价值感知为决定性因素。同时，考虑消费者感知收益和损失。感知收益可以理解为消费者从绩效和体验的改善中获得的收益，包括与产品使用相关的物理因素、服务因素和技术支持。感知得失可以理解为消费者为购买产品和服务所付出的成本和相应的风险。当消费者感知价值时，与企业的关系也在其评价范围之内。

随着服务质量与消费者满意度的竞争日益激烈，企业很难在产品上有效地区分竞争对手。越来越多的企业重视服务，希望通过完善的服务来提高消费者满意度，增进顾客关系。较高的服务质量会带来较高的顾客满意度，进而产生较高的顾客忠诚度，最终带来较高的收入增长率和利润率。服务已成为企业谋求差异化、获取竞争优势的主要途径。

服务是一种能给消费者带来有价值的利益或满意的活动。因此，服务质量应由客户决定。从顾客的角度看，质量的内涵应该根据顾客对服务质量的感知来界定，而不是内部员工的感知。顾客感知服务质量是顾客体验到的服务质量与期望质量之间的差距。顾客体验品质是一种互动品质，它在顾客与企业接触的每个"关键时刻"都带来一种体验。良好的服务体验会带来更高的满意度，而长期的消费者满意度会使消费者对企业形成友好的态度，提高消费者忠诚度。顾客之间的差异有时使企业无法清楚地看到消费者感知服务质量的关键因素是什么。企业应该挖掘消费者所关心的特性的共性，明确资源利用的方向。

顾客感知服务质量设计包括企业内部和企业之间的沟通设计，以及与服务过程相关的服务系统设计。

（1）内部沟通主要通过内部刊物、员工会议等方式，确保服务提供的一致性和连续性。

（2）企业通过选择合适的沟通组合，如广告、重要客户见面会、客户建议小组等，改进服务，从而提升企业形象。

（3）服务体系设计的关键是让客户感知关怀。消费者与企业接触时，必须至少接触四项内容中的一项：服务人员、规章制度（排队制度、支付制度、维修制度、预约制度、索赔制度等）、生产资料（服务设施、设备、服务设施等）和其他客户。企业的设计工作应该保证这些接触的便利性、舒适性和消费者满意度。

2. 提高消费者满意度

顾客满意度的提高首先要选择目标，并不是所有的客户都是企业想要服务的对象。那些占据了太多业务资源却不能给企业带来利润的客户必须放弃。企业应该集中资源和能力，挖掘能给企业带来回报的客户。客户细分的尺度可以是多维的，如交易指标、财务指标、联系指标和特征指标。企业可以根据实际情况选择细分标准。客户细分后，企业应建立客户金字塔，对不同价值取向和价值分布的客户进行分类，勾勒出客户轮廓，评价每个客户群的吸引力和企业对客户的吸引力，选择能够充分利用自身资源和能力的目标客户。

想达到消费者满意，需要明确消费者的需求和期望。消费者的需求呈现出多样化和动态化的特点。这就要求企业对消费者需求和期望的漂移方向保持高度警惕，分析消费者在购买产品和服务时想要获得的理想结果，以及能够提高消费者满意度、推动其购买行为的因素。

企业可以通过建立客户信息数据库来分析客户需求。客户大致可以分为三种类型：价格敏感型、服务导向型和产品导向型。每种类型的顾客也可以细分，然后对这些同质顾客进行研究，找出影响其购买决策的关键驱动因素，确定顾客需求和价值的优先顺序。消费者在购买产品或服务时，不仅追求功能利益，而且追求过程利益和关系利益。企业应该能够映射目标客户的偏好取向，提供符合其价值主张的产品或服务。

3. 投诉管理

（1）投诉管理。优秀的投诉处理和服务补救能力可以将客户的不满转化为满意甚至忠诚。及时处理投诉是消除不满的关键。服务失败后，消费者的承受范围迅速缩小，等待只能加剧消费者的不满。海尔推行"首问负责制"，就是要让问题在第一时间得到关注，在情感上稳定客户，然后通过客户投诉管理系统，倾听客户的不满并给出快速有效的解决方案。

（2）无投诉管理。客户投诉只是冰山一角。更多的顾客选择对商家保持沉默，沉默并非没有抱怨。顾客沉默的原因有很多，比如投诉渠道不畅或者不了解投诉渠道、认为损失不值得浪费时间和精力、计划购买其他商家的产品和服务等。这就要求企业定期进行客户满意度调查，挖掘出更多有价值的信息。收集和处理信息的能力是企业提升客户满意度、保持良好客户关系的法宝。每次调查后，商家都应该让消费者知道自己的改进，否则下一次调查就会让消费者产生不信任感。

（3）完善服务（产品）体系。第一时间把事情做好，是衡量服务质量最重要的标准。因此，企业应尽最大努力避免服务失误，在平息顾客投诉或进行顾客满意度调查后，对事件进行回顾，找出出现问题的环节和原因，然后加以改进，避免类似事件再次发生。

4. 建立以消费者满意为导向的企业文化

企业文化是企业的灵魂，具有导向、凝聚、规范的功能。企业要把消费者满意理念作为导向，根植于员工的思想中，体现在员工的行为中。企业文化是一种柔性管理，虽然看不见，但有很强的约束力。它为所有员工提供了一套共同的概念、信念、价值观和行为准则，以及由此产生的行为模式。企业文化是一个价值平台，在这里员工可以找到理由支持自己全心全意为客户服务，激发自己的积极性和潜在能力。因此，企业不能忽视文化建设。

5. 建立以顾客为导向的组织结构和流程

以顾客满意为导向的企业文化构建了员工的价值观和行为模式。企业必须有合理的组织结构和顺畅的业务流程，才能保证以客户为导向的目标得以实现。

在设计组织结构和业务流程时，必须从客户的角度出发，一切都要以为客户增值为原则。例如，百事公司的组织结构颠覆了传统的金字塔式组织结构，直接与客户打交道的员工被置于组织结构图的顶部，组织的其他成员都支持他们。这样做的好处是优先考虑一线部门和员工，同时可以打破部门壁垒，使各职能部门都在为客户利益着想。

组织结构、业务流程与顾客体验呈显著正相关。合理的组织结构能够保证流程效率，流畅的业务流程可以增加客户的整体体验，从而提升客户的满意度。

企业必须不断改进不利于增加顾客价值的组织结构和业务流程，确保企业有良好的执行力。

# 第三节　把握国家政策制度，乘东风促发展

1. 丰富宣传渠道，加强政策引导

年轻一代是当前和未来最重要的消费群体。通过互联网和新媒体，年轻人可

# 第八章 提升新零售背景下消费者网络购买意愿的方法

以以自己喜欢和愿意接受的方式,更好地了解新零售业的未来趋势。

2. 遵循市场机制,调整政府政策

虽然政府对部分商品的补贴政策,特别是财政政策对消费者的购买意愿起到了一定的促进作用,但长期使用财政补贴和行政干预,不仅会造成较大的资金压力,还会扰乱市场平衡。因此,政府应逐步减少财政补贴和行政干预,在依托市场机制自我运行的基础上,通过税收补贴对企业和消费者给予一定的支持和鼓励。

3. 克服多重障碍,稳步发展

除了政府政策之外,产品质量、技术问题和价格都是消费者需要考虑的因素。在发展新型零售业的过程中,还有很多问题需要解决,这不仅需要政府的政策支持,更需要企业加强自身的技术创新。

## 一、网络平台管理者应采取的措施

1. 建立在线交易信用系统

信用是维持市场秩序运行的重要因素。基于互联网的交易是一种虚拟的交易,在这种情况下,平台必须为交易双方提供诚信评价服务,建立交易认证平台。交易认证平台的构建能够大幅降低消费者购物的风险,所以网络平台的管理者需要通过建立网络认证制度来规范网络信用。

建立在线交易信用系统的具体实施步骤如下:

(1)推进企业实名制度。这对网购的诚信问题有很大的影响,能杜绝不法商店的欺诈行为,在很大程度上降低消费者购物风险。同时,一旦发现商店存在欺诈行为,执法人员可以根据工商登记信息进行侦查、处罚。

(2)认证平台可以根据客户的好评数、投诉的比例、累计成交额、每月的平均成交额等对客户进行信用等级,让消费者理解客户的信用度,在购物时作为参考。同时,对消费者进行评价,确保交易整体的安全性。另外,在规定的时间内(例如半年或一年),对买卖双方进行评价,建立良好的网络交易环境。

2. 妥善处理责任判定

网络交易涉及多个环节,不仅涉及交易双方,还涉及物流行业。消费者权益受到损害,往往不是在一个阶段发生的,如果各环节相互推脱,责任更难得到认定,问题不能及时解决。此时需要第三方的调解平台,公正处理侵权责任,维护各方利益。这不仅仅是为了解决小矛盾,也是保持信誉的重要措施。

《中华人民共和国电子商务法》自2019年1月1日起施行,对规范电子商务行为、维护市场秩序有重要的意义，在网上购物中，合同模式、权利和义务、说明权、赔偿责任对主体、赔偿渠道、纠纷处理机制等形成了明确的法规。

3. 培养服务人员，提高服务质量

服务营销战略已经成为企业追求长期发展和生存的重要战略。员工是与消费者接触的关键，只有提高服务质量，才能提升企业形象，为品牌创造良好口碑。

4. 遵守法律法规，保障信息安全

（1）自觉遵守网络法律法规，规范网上市场的行为，保障消费者的支付安全，防止信息泄露。

（2）自觉加强信息安全宣传力度，配合打击诈骗行为，打造良好的社会形象，让消费者安全购物。

（3）积极配合有关部门对商品进行质量检查，做好货源管理，自觉禁止不正当竞争行为，保障消费者权益。

5. 明确说明影响"二次销售"情况

目前，很多新零售商家对于退货是否影响"二次销售"没有统一的标准，导致许多消费者在被告知影响二次销售而无法退货时心生不满，影响消费者的再次购买意愿。

商家可以根据商品的种类进行区分，对于打开包装也容易恢复原状，不会影响到二次销售的商品和对于打开包装后无法或者很难恢复原状会影响二次销售的商品采取不同的分类并形成明文规定。在销售时明确商品的完好标准，参考商品清单，结合商品属性、商品特点、商品价格等综合要素进行科学探讨，告知消费者，使消费者利益最大化，确保消费者的合法权益，提高消费者的购买欲望。

6. 标清不予退货商品

目前存在不予退货的产品，但商家在销售时并没有特别注明，导致消费者在退货时受到阻碍，影响消费者消费意愿。对于此类产品，商家应该在产品醒目位置进行清楚地标注，让消费者方便地、快速地、有效地识别不退货的商品，切实维护消费者的合法权益。

7. 积极向政策靠拢，赢得政策红利

在国家扶贫政策的背景下，电子商务平台应该积极响应政府扶贫政策，通过制度革新促进农村网购消费市场的发展。

（1）引导农民需求，完善创新电子商务平台制度。对于电子商务企业来说，为了激发农村的网络购买能力，需要不断进行制度革新，包括平台的结构、服务制度。在保证基本交易的情况下，农民消费者对培训制度更感兴趣。由于农民自身知识结构的局限,需要充分考虑农民的特殊需求,建立适当的教育制度,了解电子商务平台的基本知识,熟悉网上购物流程,明确网购与实体购物的差异和网购带来的利益,刺激其网上购物的积极性,影响农民购物习惯,使农业、农民和农村得到更好发展。

(2) 充分发挥农民感知采纳接受的促进作用,减少感知风险的阻碍。一方面,电子商务企业要制订培训支持计划,方便农民了解电子商务网站的购买和运营情况,影响他们感知到的易用性和有用性;同时,电子商务平台通过阿里旺旺、微信等即时通信工具,建立良好的沟通服务体系,提高农民对便利的感知;此外,通过提高客户服务质量、简化购物流程、准确的产品展示和有效的营销活动,增强对周边相关群体的影响力,发挥早期网购用户等意见领袖的作用,从而影响农民的接受度。另一方面,电子商务企业需要完善监管制度等结构性保障,关注农民感知风险意识,如付款后不收货、信息被盗、产品质量差等。

(3) 转变贫困农民的生产生活方式,推进"三农"战略的实施深入。通过电子商务平台的制度创新,使更多的农民接受网上购物的模式。一方面,通过创新电子商务平台培训体系,帮助农民了解电子商务的基本知识,提高农民的互联网意识;另一方面,通过网络购物在一定程度上可以加强农副产品在农村与城乡之间的流通,激发农民对互联网商业模式电子商务的创业热情,促进农村经济现代化。

## 二、退货政策

退货政策会影响消费者的购买行为,对企业经营管理有一定的参考价值,企业可以将退货政策作为经营战略。

宽松的退货政策在一定程度上可以促进消费者的购买意愿。如果企业的经营目标是吸引消费者的购买、增加销售额,在经营条件允许的范围内可以放宽退货标准。

对于退货时的限制,退货费用和退货操作会对消费者的购买决定产生很大影响。这主要是因为中国法律对无理由退货的期限给予了基本的规定,7天退货的限制很高。关于退货的运费,企业可以通过运费保险等方式要求消费者分担退货的运费,或者通过其他促销手段,例如为购买多件衣服的顾客,减免单品退货的运费,提高消费者的购买率。针对退货操作的流程,企业应尽量减少消费者退货的中间部分,如不限制申请的流程、等待时间、附加的要求和物流等,简单的退货操作可以减轻消费者因为退货带来的心理负担,增加消费者的购买欲望。

退货政策作为保障措施,对消费者的感知风险有很大的影响。宽松的退货政策可以降低消费者的感知风险，在消费者不能直接接触商品的情况下增加消费者的购买意愿。因此，企业应该将退货政策作为提供给消费者的购物保障，利用宽松的退货政策降低消费者的风险感知，促进消费者购买。

在网络购物环境下，消费者在程序公平中更加注重信息公平。这意味着，企业应在购物前将退货政策详细告知消费者。退货政策应该体现商家的服务，确保信息透明，而不能为了避免交易中的麻烦而隐瞒必要的信息。当消费者需要退货时，客服应给予积极回应，消除消费者的后顾之忧，让消费者感到受到重视和公平对待。

宽松的退货政策可以向消费者传达公司对产品的自信心，借此提高消费者对产品质量的好感和信心。而感知服务质量的提高，会使得消费者更加信任商店经营的商品质量，影响消费者积极回购。

当然，很多因素都会影响企业的经营效率。企业必须根据自己的经营目标、产品特征及目标客户等特征，以及网络经营中的其他环境因素调整退货对策，提高企业利润。

### 三、给予农村网购适当的补贴

农村居民的收入与城市居民有一定的差距，农村的网购市场具有巨大的潜力。政府给农民适当的网购补助金，实行促进农村网购发展的相关政策，可以促进农村电子商务消费的发展。例如，农民凭收据可以获得3%至5%的补助金。这样，政府提出一些财政预算，促进农村网购的发展，在提高农村居民网购的积极性的同时提高国民经济总产值，推动国家经济发展。

# 第九章

## 研究局限与后续研究展望

# 第九章　研究局限与后续研究展望

在查阅相关文献后笔者发现，之前的一些学者通过对感知价值和感知风险的研究，认为这些因素会对消费者的购买意愿产生影响，但仅仅讨论了两者之间的关系，未做更深入的研究分析，而且调查研究的很多案例是在传统的购物环境下进行的，不具有时效性。随着互联网的迅速发展，越来越多的消费者选择网上购物。因此，本研究创新性地结合网络购物环境，以大学生为主体，研究了消费者感知价值、感知风险和购买意愿三者之间的关系，分析了感知价值和感知风险对购买意愿的影响。

## 第一节　希望能够解决的问题

1. 降低用户门槛

新的零售业务是在"互联网+零售"模式下推出的，其核心是"零售"两个字。因此，在策划促销活动时，一定要注重用户购买的便捷性和突出产品的性价比。在设计较复杂的优惠策略和增长系统时，必须关注用户如何通过实时反馈机制来参与活动，如果用户不能先理解活动设计的逻辑，进而享受折扣，就可能产生不利影响。

2. 合理使用新客户津贴

新入市场补贴作为各大互联网公司屡试不爽的市场策略，被运用于各个行业。但是，如果没有强有力的资金支持，只是为了快速进入市场而盲目补贴，很可能会引入大量伪需求者，最后导致用户的流失率大于新客户的增长率，造成不必要的资金损失。其实，在公司资金有限的情况下，有必要培育这类伪需求者的消费行为，使其成为真正的需求者，减少资金损失。

对于背景薄弱的企业来说，如何合理利用新客户补贴，降低用户流失率，是当前亟待解决的重要问题。

3. 使用户数据价值化

企业应加强消费行为数据的收集和分析，将用户消费情况告知平台，对用户喜爱的产品进行个性化的制造和曝光，优化供应链健康发展，提高客户单价，在获得用户良好体验的同时，降低销售商的商品成本。

## 第二节　存在的不足

虽然本研究取得了一定的成果，但由于时间、精力和客观条件的限制，始终存在不足，主要有以下几点。

*1. 研究样本缺乏代表性*

本书所收集的样本缺乏代表性和普遍性，人口统计学变量分布不均，样本主要集中在福建省内，不能代表网络购物者的总体观念和愿望。

*2. 研究内容不够*

影响消费者购买意愿的因素有很多，如不同的购物情境、不同的研究对象等。本研究仅研究感知价值和感知风险对消费者购买意愿的影响，由于没有考虑其他因素，研究内容可能不够。

*3. 数据动态问题*

本研究所收集的数据只是某一时间点的数据信息，属于横断面研究。具体来说，就是消费者在某一时刻的感知价值、感知风险和购买欲望之间的关系。此外，被测数据的特性也会影响数据的有效性和稳定性。例如，当时测试的情绪特征和理解能力对研究有一定的影响。

## 第三节　更多研究

消费者网络购物行为的研究领域受到了极大的关注，取得了很大的成果，但仍有一些研究内容和盲点有待探索。大多数研究过分强调影响消费者购买意愿的因素，而忽略了影响消费者重复购买的因素。在影响消费者购买意愿的因素中，对产品和服务特性的研究以及对环境文化影响的研究较少。未来的研究可以从内容、展望、理论和方法等方面展开。

*1. 研究内容*

（1）加强对消费者购买行为的研究。对消费者购买行为影响因素的研究大多涉及如何改善消费者的首次购买行为，而对消费者的重复购买行为研究较少。重复购买与首次购买存在较大差异，影响重复购买的因素也不同。在实际的网络购物中，消费者的重复购买是购物网站可持续发展的动力。因此，有必要研究影响消费者重复购买行为的因素。

（2）非计划性购物访问与购物行为的关系研究。这一领域很少涉及，也是今后研究的指导思想和展望之一。计划购物访问直接影响网络购物行为，而非计划购物访问实际上刺激了非计划购物。建议研究计划外购买的过程，寻找刺激计划外购买意愿的方法。

（3）研究网络购物行为的"负面影响"。随着消费者网络购物的不断发展，在促进经济发展的同时，消费者的网络购物行为也对社会产生了一定的负面影响。网络强迫行为的负面影响不容忽视，不然会给生活和就业带来严重后果，如长期的忽视会形成一些易怒的症状和个性，也会使消费者患上精神疾病。建议通过对消费者网购行为的研究，找出影响消费者网购的因素，激发积极因素，减少消极因素，促进个人和社会的健康发展。

2. 研究展望

（1）本书从体验经济的角度研究网络购物行为。网络购物是基础经济和服务经济的结合，随着服务经济的逐步商业化，人们的个性化消费欲望难以得到充分满足。人们开始把注意力和金钱转向能够提供价值的经济形式，即经济经验。现有的研究很少从体验经济的角度进行研究，所谓体验只是消费者在网上购物过程中获得的单向流体验，服务是消费者获得体验的基础。如何从增加消费者体验的角度改进服务，为网上零售商创造更好的经济效益，是值得进一步研究的另一个方向。

（2）很多消费者，尤其是没有网购经验或从未购买过商品的消费者，在购买商品时会直接使用搜索引擎网站进行搜索。这些群体的网上购物行为不容忽视，但现有的研究几乎没有促进他们搜索商品能力的提高。服务产品的网络购物行为一直是研究的盲点，值得关注。

3. 研究理论和方法

（1）理论创新。目前，大多数消费行为理论已经应用于网络消费行为的研究。理性行为理论（TRA）及其家族理论，包括理性行动理论（TRA）及其家族理论、计划行动理论行为（TPB）、期望一致理论（ECT）、技术接受模型（TAM）、革新的扩散理论（IDT），这些理论都在网络购物行为实验中得到了反复验证。然而，一些实际的理论，如流动经验理论，却很少受到重视。传统的理论是研究的出发点，研究者应大胆借鉴其他学科的研究成果，建立一套专门的消费者网络购物行为理论。

（2）随着研究方法的进一步完善，现有的研究大多是基于问卷调查收集的数据，然后利用数据分析软件进行实证研究。这些分析揭示了事物之间的差异，有必要对消费者购物行为的个性进行进一步的研究。本书建议在实证分析的基础上，结合访谈或通过专业咨询公司和研究咨询公司获取信息，使研究更加完整和详细。

## 第四节 展 望

1. 扩大样本容量，完善调查问卷和数据

为了提高研究数据的有效性和稳定性，应尽量增加受调查者的覆盖面，做到年龄段、职业、性别比符合标准，将传统的问卷调查与网络调查相结合，使更多的网络消费群体参与到调查中来。此外，应尽量使问卷的项目易于理解，避免因被调查者对题目理解偏差造成数据失真，以此提高数据准确性和有效性。

2. 完善研究内容

消费者的购买意愿是多种因素综合作用的结果，还有其他因素本书中没有纳入建模，可以在以后的研究中加以考虑。对于网络购物而言，产品类型和网站也可能对消费者的购买意愿产生一定的影响。通过比较不同类型的产品和网站，可以进一步探讨不同类型的产品和网站在消费者感知价值、感知风险和购买意愿上的差异。

3. 使用纵断面研究

在未来的研究中，可以采用纵向剖面的研究方法，以时间截点为面，在不同的时间段进行调查，观察感知价值和感知风险维度的变化，进一步分析购买意愿，观察它们发生了什么变化，从而更准确地分析影响因素之间的关系。

# 附录 1

# 名词解释

# 附录 1 名词解释

1. 互联网

互联网（Internet），又称国际网络，指网络与网络之间所串联成的庞大网络，这些网络以一组通用的协议相连，形成逻辑上的单一巨大国际网络。

2. 网络购物

网络购物通过互联网检索商品信息，通过电子订购单发送购物请求，然后填上私人支票账号或信用卡号，厂商通过邮购的方式发货，或通过快递公司送货上门。中国国内的网上购物一般采用款到发货（直接银行转账或在线汇款）和担保交易（货到付款）的付款方式。

3. 同比增长

同比增长是去年同期比增长的简称，其中，去年同期简称同期。同比是将不同时期的相同主体进行对比。

$$同比增长率 = \frac{本期数 - 同期数}{同期数} \times 100\%$$

4. 新冠肺炎

新型冠状病毒肺炎（Corona Virus Disease 2019，COVID-19）简称新冠肺炎，世界卫生组织将其命名为"2019 冠状病毒病"，是指 2019 年新型冠状病毒感染导致的肺炎。

5. 跨境电子商务平台

跨境电子商务平台指分属不同关境的交易主体，通过电子商务平台达成交易、进行支付结算，并通过跨境物流送达商品、完成交易的电子商务平台和在线交易平台。

6. 消费者需求

消费者需求（Consumer Demand）是人们为了满足物质和文化生活的需要而对物质产品和服务的具有货币支付能力的欲望和购买能力的总和。按照消费者的目的性分为初级的物质需求和高级的精神需求。

7. 新零售模式

新零售（New Retailing）是企业以互联网为依托，运用大数据、人工智能等技术，对商品的生产、流通与销售过程进行升级改造，进而重塑业态结构与生态圈，并对线上服务、线下体验及现代物流进行深度融合的零售新模式。

### 8. 销售成本

销售成本指已销售产品的生产成本、已提供劳务的劳务成本及其他销售的业务成本，包括主营业务成本和其他业务成本。主营业务成本是企业销售商品产品、半成品，以及提供工业性劳务等业务产生的成本；其他业务成本是企业销售材料、出租包装物或固定资产等业务产生的成本。

### 9. 网络购物渗透率

网络购物渗透率指一定时期内在网上购买商品的用户数量占网民数量的比例，是反映网络购物市场宏观状况的重要指标。中国互联网正处于快速增长期，每年的新增网民较多，随着时间的推移，网络购物渗透率会逐步增加。

### 10. 信息不对称

信息不对称（Asymmetric Information）指交易中的个体拥有的信息不同。在社会政治、经济等活动中，一些成员拥有其他成员无法拥有的信息，由此造成信息不对称。

### 11. 购物体验

购物体验（Shopping Experience）也称顾客体验，是研究消费者购物的重要领域，是由企业的营销活动引发的消费者心理感受，是追求愉快经历的理性和感性的结合体。

### 12. 社交媒体

社交媒体（Social Media）指互联网上基于用户关系的内容生产与交换平台，是人们分享意见、经验和观点的平台，主要包括社交网站、微博、微信、博客、论坛、播客等。

### 13. 商务社交

商务社交是在商务活动中进行的人与人之间的社会交往活动，人们在商务场合运用一定的方式或工具传递信息、交流思想，以达到某种商务目的。

### 14. 流量红利

流量红利指在新出现、新开放的平台或领域，经营者能够在内容输出或交易上率先适应规则，输出有价值的内容、产品、服务，从而引发轰动效应和带头效应，获得比后入者更多的用户和收益。

### 15. 社交电子商务

社交电子商务（Social Commerce）是电子商务的一种新的衍生模式。它借助社交网站、SNS、微博、社交媒介、网络媒介等传播途径，通过社交互动、用户自生内容等手段来辅助商品的购买或销售。

### 16. 零售生态系统

零售生态系统是以零售平台为中心，由庞大的消费者、零售商和合作伙伴所组成的系统。

### 17. 交易成本

交易成本（Transaction Costs）又称交易费用，是在一定的社会关系中，人们自愿交往、彼此合作达成交易所需要支付的成本。交易成本是交易活动不可分割的组成部分，只要有人类交往互换活动，就会有交易成本。

### 18. 营销理念

营销理念是企业在组织和谋划经营管理实践活动中所依据的指导思想和行为准则，是企业经营哲学和思维方法的体现。营销观念贯穿营销活动的全过程，并制约着企业的营销目标和原则，是实现营销目标的基本策略和手段。

### 19. 感知风险

感知风险（Perceived Risk）是消费者购买决策中隐含的对结果的不确定性。

### 20. 感知价值

感知价值是消费者在感知到产品或服务的利益之后，减去其在获取产品或服务时所付出的成本，得出的对产品或服务效用的主观评价。感知价值体现消费者对产品或服务所具有的价值的特定认知，区别于一般意义上的产品或服务的客观价值。

### 21. 从众心理

从众心理（Conformity）指个人受到外界人群行为的影响，而在自己的知觉、判断、认识上表现出符合公众舆论或多数人的行为方式。从众心理是个体普遍存在的心理现象。

### 22. 泛零售形态

新零售是以消费者体验为中心的数据驱动的泛零售形态，它重新定义了人、货、场三大零售的核心要素，并重构了三者之间的关系：人由单纯的消费者转变为消费者及合作生产者，货由商品转化为全方位的消费过程及体验，场由原来的线上线下固定零售终端转变为泛零售、多元化的消费场景。

23. 大数据

大数据是指无法在一定时间范围内用常规软件工具捕捉、管理和处理的数据集合，是需要采用新的处理模式才能具有更强的决策力、洞察力和流程优化能力的海量、高增长率和多样化的信息资产。

24. 货场重构

在大数据时代，商家对用户的认知无限趋近于用户的内心需求。商家根据用户的需求推送产品（货），并为用户打造消费的场景（场）。

25. 互联网思维

互联网思维是在（移动）互联网、大数据、云计算等科技不断发展的背景下，对市场、用户、产品、企业价值链甚至对整个商业生态进行重新审视的思考方式。

26. 产业链

产业链是产业经济学中的重要概念，是各个产业部门基于一定的技术经济关联，并依据特定的逻辑关系和时空布局关系形成的链条式关联关系形态。

产业链包含价值链、企业链、供需链和空间链四个维度。这四个维度在相互对接的均衡过程中形成了产业链，这种"对接机制"是产业链形成的内模式，作为一种客观规律，以"无形之手"调控着产业链的形成。

27. 价值链

企业的价值创造是通过一系列活动形成的，这些活动分为基本活动和辅助活动。基本活动包括内部后勤、生产作业、外部后勤、市场和销售、服务等，辅助活动包括采购、技术开发、人力资源管理和企业基础设施等。这些互不相同但又相互关联的生产经营活动，构成了创造价值的动态过程，即价值链。

28. 供应链

供应链是指围绕核心企业，从配套零件开始，制成中间产品及最终产品，最后由销售网络把产品送到消费者手中的，将供应商、制造商、分销商直到最终用户连成整体的功能网链结构。

29. 供应链管理

供应链管理的经营理念是从消费者的角度，通过企业间的协作，谋求供应链整体最佳化。成功的供应链管理能够协调并整合供应链中的所有活动，最终成为无缝链接的一体化过程。

## 附录1 名词解释

### 30. 现金流权
现金流权是指按持股比例拥有某公司的财产分红权,由每一控制链条的持股比例的乘积所得。考虑一致行动人时,将其各自的现金流权进行加总。

### 31. 个性化生产
个性化生产是按照消费者需求进行生产,以满足网络时代消费者的个性化需求。由于消费者的个性化需求差异大,而且消费者的需求量少,企业实行定制生产必须在管理、供应、生产和配送等环节上,适应小批量、多式样、多规格、多品种的生产和销售变化。

### 32. 购买行为
购买行为是指人们为满足需要或欲望而寻找、选择、购买、使用、评价、处置产品及服务时介入的过程活动,包括消费者的主观心理活动和客观物质活动。

### 33. 行为意愿
行为意愿是人们的行为动机,是指行为主体为实现一定的目标所表现出来的主观愿望和意图。

### 34. 因变量
因变量(Dependent Variable)也称函数值。在函数关系式中,某些特定的变量会随另外一个或几个变量的变动而变动,这些特定的变量被称为因变量。

### 35. 测度项
在行为研究中,测度项一般是心理变量。一个心理变量由三个或三个以上的测度问题来测量。一个心理变量对应一组语义,被称为理论构件或构件。相关的细化的语义被称为这个心理变量的概念空间。用多个问题来测量这个概念,就要从概念空间中选择合适的表达方式,使这些表达方式作为一个整体更好地反映一个不可以直接测量的心理变量,这些问题被称为测度项。

### 36. 意见领袖
意见领袖是两级传播中的重要角色,是人群中首先或较多接触大众传媒信息,并将经过自己再加工的信息传播给其他人的人。他们介入大众传播,加快了传播速度并扩大了影响。

### 37. 全渠道销售
全渠道零售是企业为了满足消费者的购买需求,整合实体渠道、电子商务渠道和移动电子商务渠道来销售商品或服务,为消费者提供无差别的购买体验。

### 38. 跨境物流

跨境物流指在电子商务环境下，采用互联网、大数据、信息化与计算机等技术，物品从跨境电子商务企业流向跨境消费者的跨越不同国家或地区的物流活动。

### 39. 权重

权重指某一因素或指标相对于某一事物的重要程度，不仅体现某一因素或指标所占的百分比，更强调因素或指标的相对重要程度，描述贡献度或重要性。

### 40. 绿色物流

绿色物流是采用先进的物流技术，合理规划并实施运输、储存、装卸、搬运、包装、流通加工、配送、信息处理等物流活动，充分利用物流资源，降低物流对环境影响的过程。

### 41. 改革红利

改革红利是指国家通过体制变革和机制创新给人类社会发展进步带来的全部有益成果的总和。改革是当代中国经济社会发展的动力源泉。实现经济的持续发展，不仅需要物质资本、技术进步、人力资本和资源提供保障，还需要持续的制度改革提供动力。

### 42. 多维构念

多维构念是存在于多重范围内并包含一组相互关联的属性或维度的构念。例如，组织承诺是一个多维构念，它由情感承诺、持续承诺和规范承诺三个维度组成。

### 43. 博弈论

博弈论又称对策论、赛局理论等，它既是现代数学的新分支，也是运筹学的重要学科。

博弈论是研究具有斗争或竞争性质现象的数学理论和方法，主要研究公式化了的激励结构间的相互作用，考虑游戏中的个体的预测行为和实际行为，并研究它们的优化策略。

### 44. 宅经济

宅经济指在家中上班、兼职、办公或从事商务工作，在家中消费是宅经济必不可少的组成部分。

### 45. 猎奇心理

猎奇心理泛指人们对于自己尚不知晓、不熟悉或比较奇异的事物及观念所表现出好奇和急于探求其奥秘或答案的心理活动。

46. 生产资料

生产资料是人们在生产过程中所使用的劳动资料和劳动对象的总称，是企业进行生产和扩大再生产的物质要素。

47. 生活资料

生活资料也称消费资料或消费品，是用来满足人们物质和文化生活需要的社会产品。

48. 消费者效益

消费者效益是指对消费者通过消费或享受闲暇等使自己的需求、欲望得到的满足的一个度量。

49. 个性化

个性化是根据用户需要生产、安排适合消费者使用的产品。

50. 非主流文化

非主流文化是在一定的时代和范围内，在社会基础和非主流文化上层建筑领域中形成的占主导地位的文化。非主流文化存在于社会生活之中，具有"民间"色彩，通常不以书面形式展现，如婚姻、家庭、风俗、习惯等。

51. 线性回归

线性回归是利用数理统计中的回归分析，确定两种或两种以上变量间相互依赖的定量关系的统计分析方法。

52. 控制变量

控制变量是指除了实验因素（自变量）以外的所有影响实验结果的变量，这些变量不是实验要研究的变量，又称无关变量、无关因子、非实验因素或非实验因子。

53. 虚拟变量

虚拟变量又称虚设变量、名义变量或哑变量，是用来反映质的属性的一个人工变量，也是量化了的自变量，取值通常为 0 或 1。

54. 异方差

异方差是相对于同方差而言的。同方差是经典线性回归模型为了保证回归参数估计量具有良好的统计性质，设定的一个重要假设：总体回归函数中的随机误差项满足同方差性，即它们都有相同的方差。如果不满足上述假设，即随机误差项具有不同的方差，则称线性回归模型存在异方差。

55. 多重共线性

多重共线性是指线性回归模型中的解释变量之间由于存在精确相关关系或高度相关关系而使模型估计失真或难以估计准确。

56. 垄断优势

垄断优势理论是关于垄断优势的国际直接投资理论。该理论认为，国际直接投资是结构性市场不完全，尤其是技术和知识市场不完全的产物，是企业在不完全竞争条件下获得的各种垄断优势。

57. 消费者满意度

消费者满意度是一件产品的绩效满足顾客期望的程度。

58. 情感共鸣

情感共鸣也称情绪共鸣，是指在他人情感表现或造成他人情感变化的情境（或处境）的刺激作用下，所引起的情感（或情绪）上相同或相似的反应倾向。

59. 行为意图

行为倾向即行为意图，是对态度对象做出某种反映的意向，是消费行为中采取行动前的一种准备状态。

60. 计划行为理论

计划行为理论（Theory of Planned Behavior，TPB）是将个人的信念和行为联系在一起的理论。该理论指出，对态度、主体规范和感知的行为控制的意图共同塑造了个人的行为意图和行为。

61. 主观规范

主观规范是个人对于是否采取某项特定行为所感受到的社会压力。

62. 公平理论

公平理论是研究工资报酬分配的合理性、公平性对职工工作积极性影响的理论。

63. 价格公平感知

价格公平感知是消费者做出购买决策时的重要影响因素。由四个维度组成的参考体系为产品历史价格、不同地区该产品价格、竞争产品价格和产品成本估计等，基于该参考体系消费者价格公平感知的形成及其对产品需求的影响，为产品定价提供新思路。

64. 感知风险

消费者的购买行为可能无法确知其预期的结果是否正确，而某些结果可能令消费者不愉快。消费者购买决策中隐含着对结果的不确定性是风险最初的概念。

65. 购买意愿

购买意愿指消费者在货币收入既定的情况下，按产品市场均衡价格购买该产品的意愿。

66. 人工智能

人工智能（Artificial Intelligence，AI）是研究并开发用于模拟、延伸、扩展人的智能的理论、方法、技术及应用系统的一门新的技术科学。

67. 消费者体验

体验是指对某标的物的领悟，以及感官或心理所产生的情绪。消费体验是一个人在使用产品或享受服务时体验到的感觉，以及对产品或服务的认识。

68. "三驾马车"

"三驾马车"是经济学上对投资、消费、出口的比喻。

69. 市场销售

市场销售是以出售、租赁或其他方式向第三方提供产品的行为，包括为促进该行为进行的活动，如广告、促销、展览、服务等。

70. 环比

环比是与上期的数量作比较，环比有环比增长速度和环比发展速度两种方法。

71. 行业结构

行业结构指行业内部各参与者的特性及议价能力，是主营品种和范围基本相同的商业企业群体的数量及其构成比例。

72. 库存压力

库存压力有两个方面的意义：一是交易所注册仓单的库存，二是国家库存。供给量充足时，价格稳定，国家库存可能按计划抛售，从而影响期货市场价格的波动。

73. 数字经济

数字经济也称低熵经济，是人类通过大数据（数字化的知识与信息）的识别、选择、过滤、存储、使用，实现资源的快速优化配置与再生，以及经济的高质量发展。

74. 经济弹性

经济弹性用来描述在给定环境中一个变量相对于另一个变量发生一定比例改变的属性。

75. 发展性消费

发展性消费也称生活资料或消费品，是用来满足人们物质和文化生活需要的社会产品。

76. 享受性消费

享受性消费是以物质生活享受为主要目的的消费类型，这种类型的顾客一般都具有一定的社会地位或经济实力，以显示自己的地位或富有的形象，追求物质生活的享受。

77. 低端消费

消费水平在城市平均消费水准以下的为低端消费。

78. 高端消费

消费水平在城市平均消费水准以上的为高端消费。

79. 顾客忠诚

顾客忠诚是顾客对企业与品牌形成的信任、承诺、情感维系和情感依赖。

80. 消费伦理

消费伦理也称消费道德，是指受社会风尚的影响，指导并调节人们消费活动的价值取向、伦理原则、道德规范的总和。

81. 市场多元化

市场多元化是指一个企业同时经营两个或两个以上行业的拓展战略，又称"多行业经营"，主要包括同心多元化、水平多元化、综合多元化三种形式。

82. 买方市场

买方市场也称买主市场，指商品供过于求、卖主之间竞争激烈、买主处于主动地位的市场。

83. 卖方市场

卖方市场也称卖主市场，与买方市场相对，指商品供不应求、买主争购、卖方掌握买卖主动权的市场。

84. 个人隐私

个人隐私指公民个人生活中不愿为他人（一定范围以外的人）公开或知悉

的秘密，且这一秘密与其他人及社会利益无关。

85. 购买动机

购买动机指为了满足一定需要而引起人们购买行为的欲望或意愿。在现实生活中，每个消费者的购买行为是由其购买动机引发的，而动机是由人的需要产生的。

86. 需求层次理论

需求层次全称为马斯洛需求层次，个体成长发展的内在力量是动机。动机是由多种不同性质的需要所组成，各种需要有先后顺序与高低层次之分，从低到高依次为生理需求、安全需求、社交需求、尊重需求和自我实现需求。

87. 示范效应

消费者的消费行为受周围人们消费水准影响的现象被称为示范效应。

88. 消费者主权

消费者主权用来诠释市场上消费者和生产者的关系，指消费者通过其消费行为表现意愿和偏好的经济体系。

89. 工业化

工业化通常被定义为工业（特别是其中的制造业）或第二产业产值（或收入）在国民生产总值（或国民收入）中，以及工业就业人数在总就业人数中比重不断上升的过程。

90. 消费信用

消费信用也称零售信贷，是银行或企业对消费者提供的信用。在资本主义制度下，消费信用的主要形式是分期付款和消费贷款。

91. 消费者权益

消费者权益是指消费者在有偿获得商品、接受服务及其后的一定时期内依法享有的权益，是在一定社会经济关系下适应经济运行的客观需要赋给商品最终使用者享有的权利。

92. 宏观经济

宏观经济即宏观层面的国民经济，包括国民经济总量、国民经济构成、产业发展阶段与产业结构、经济发展程度。其中，国民经济由 GDP 部门和非 GDP 部门构成，经济发展过度由人类发展指数、社会发展指数、社会福利指数、幸福指数衡量。

### 93. 微观经济

微观经济指个量经济活动，即个别企业、经营单位及其经济活动，如个别企业的生产、供销、交换的价格等。

### 94. 收入差距

收入差距是由高低收入水平差别或占有收入比重的不同而表示的差距，是与收入均等对应的概念，可以分为相对差距和绝对差距。

### 95. 居民收入

居民收入是一个国家物质生产部门的劳动者在一定时期内创造的价值总和。

### 96. 可支配收入

可支配收入是指居民家庭获得并且可以用来自由支配的收入，包括家庭成员所从事主要职业的工资及从事第二职业、其他兼职和偶尔劳动得到的劳动收入。

### 97. 未来收入预期

未来收入预期是预计未来一定时期可以取得的收入。

### 98. 有效需求

有效需求是预期可给雇主或企业带来最大利润的社会总需求，此时总供给与总需求相等，社会总需求处于均衡状态。它包括消费需求（消费支出）和投资需求（投资支出），并决定社会就业量和国民收入的大小。

### 99. 购买力

购买力是构成市场和影响市场规模大小的重要因素，受宏观经济环境的制约，反映经济环境。

### 100. 货币

货币是一种财产的所有者与市场关于交换权的契约，本质上是所有者之间的约定。

### 101. 消费者物价指数

消费者物价指数（Consumer Price Index，CPI）又称居民消费价格指数，是反映居民家庭一般所购买的消费品和服务项目价格水平变动情况的宏观经济指标。

### 102. 通货膨胀

通货膨胀是造成物价上涨的一国货币贬值。通货膨胀和一般物价上涨的本质区别在于：一般物价上涨是指某个、某些商品供求失衡，造成物价暂时的、局部的、可逆的上涨，不会造成货币贬值；通货膨胀则是能够造成一国货币贬值的该国国内主要商品的物价持续的、普遍的、不可逆的上涨。

103. 通货紧缩

通货紧缩指市场上流通的货币量少于商品流通中所需要的货币量而引起的货币升值、物价普遍持续下跌的现象。

104. 社会保障

社会保障是国家或政府为主体依据法律，通过国民收入的再分配，对在公民暂时或永久丧失劳动能力，以及由于各种原因导致生活困难时给予物质帮助，以保障其基本生活的制度。

105. 国内生产总值

国内生产总值（Gross Domestic Pruduct，GDP），是一个国家或地区所有常驻单位在一定时期内生产活动的最终成果，是国民经济核算的核心指标，也是衡量一个国家或地区经济状况和发展水平的重要指标。

106. 净出口

净出口又称贸易差额、贸易余额，是指一国在一定时期内（如一年、半年、一季、一月）出口总值与进口总值之间的差额。

107. 国际收支

国际收支是指一个国家在一定时期内由对外经济往来、对外债权及债务清算而引起的所有货币收支。

108. 汇率

汇率又称外汇利率、外汇汇率或外汇行市，是两种货币进行兑换的比率，即一国货币与另一国货币的比率或比价，或者说是用一国货币表示的另一国货币的价格。

109. 第三方支付

第三方支付是指具备一定实力和信誉保障的独立机构，通过与银联或网联对接促成交易双方进行交易的网络支付模式。

110. 物流配送系统

物流配送信息系统是物流配送信息化的核心，具有较强的综合性，主要目的是为各配送点提供配送信息，根据订货情况查询库存及配送能力，发出配送指令、结算指令及发货通知，并汇总、反馈配送信息。

111. 经济周期

经济周期也称商业周期、经济循环,一般指经济活动沿着经济发展的总体趋势所经历的有规律的扩张和收缩,是国民收入、总体经济活动扩张与紧缩的交替或周期性波动变化。

112. 个体经济

个体经济指在劳动者个人占有生产资料的基础上,从事个体劳动和个体经营的私有制经济,具有规模小、工具简单、操作方便、经营灵活等特点。

113. 需求弹性

需求弹性是指在一定时期内商品需求量的相对变动对于商品价格的相对变动的反应程度。

114. 冲动性购物行为

冲动性购买行为与计划性购买行为相对,是一种自发的、无意识的非计划性购物行为,具有一定的复杂性和情感因素。

115. 客户忠诚度

企业以满足客户的需求和期望为目标,有效地消除并预防客户的抱怨和投诉,不断提高客户的满意度和忠诚度,在企业与客户之间建立相互信任、相互依赖的质量价值链。

116. 云计算

云计算是分布式计算的一种,是通过网络"云"将巨大的数据计算处理程序分解成无数个小程序后,利用多部服务器组成的系统处理和分析这些小程序并得到结果,返回给用户。

117. 问卷调查

问卷调查是通过制定详细周密的问卷,要求被调查者据此回答问题以收集资料的方法。问卷使用一组与研究目标有关的问题,或者一份为实现调查目的而编制的问题的表格,又称调查表。

118. 均值

均值是表示一组数据集中趋势的量数,即在一组数据中用所有数据之和除以数据的数量。

119. 标准差

标准差是离均差平方的算术平均数的算术平方根,用 σ 表示,也被称为标准偏差或实验标准差。在概率统计中经常将标准差作为统计分布程度上的依据。

120. 拟合度检验

拟合度检验是对已制作好的预测模型进行检验,比较它们的预测结果与实际情况的吻合程度,通常对数个预测模型同时进行检验,选择拟合度较好的模型。

121. 伪回归

伪回归是一组非平稳时间序列之间不存在协整关系时,该时间序列变量构造的回归模型中可能出现的假回归。

122. 逐步回归法

逐步回归分析方法的基本思路是自动从大量可供选择的变量中选取最重要的变量,建立回归分析的预测或解释模型。

123. 拟合优度

拟合优度是指回归直线对观测值的拟合程度。度量拟合优度的统计量是可决系数(亦称确定系数)$R^2$。$R^2$的最大值为1。

124. 描述性统计分析

描述性统计分析对调查总体所有变量的有关数据做统计性描述,主要包括数据的频数分析、数据的集中趋势分析、数据离散程度分析、数据的分布以及一些基本的统计图形。

125. 信度分析

信度分析是指采用同样的方法对相同的对象重复测量时,检验得到的结果的一致性程度。信度指标包括稳定系数(跨时间的一致性)、等值系数(跨形式的一致性)和内在一致性系数(跨项目的一致性)。

126. 聚合效度分析

聚合效度分析强调应该在同一因子下面的测量项,确实在同一因子下面。使用验证性因子分析(CFA)的 AVE 和 CR 指标等。

127. 区分效度分析

区分效度分析强调不应该在同一因子下面的测量项,确实不在同一因子下面。使用 AVE 和相关分析结果对比。

128. KMO 检验

KMO 检验是从比较原始变量之间的简单相关系数和偏相关系数的相对大小出发来进行的检验。当所有变量之间的偏相关系数的平方和远远小于所有变量之间的简单相关系数的平方和时，变量之间的偏相关系数很小，KMO 值接近 1，变量适合进行主成分分析。

129. 巴特利球体检验

巴特利球体检验用于检验相关阵中各变量间的相关性是否为单位阵，即检验各个变量是否各自独立。因子分析前，首先进行 KMO 检验和巴特利球体检验。在因子分析中，若拒绝原假设，则说明可以做因子分析，若不拒绝原假设，则说明这些变量可能独立提供一些信息，不适合做因子分析。

130. 因子分析

因子分析是主成分分析的推广，也是利用降维的思想，由研究原始变量相关矩阵或协方差矩阵的内部依赖关系出发，把一些具有错综复杂关系的多个变量归结为少数几个综合因子的一种多元统计分析方法。

131. ADF 检验

ADF 检验是指检验序列中是否存在单位根，因为存在单位根就是非平稳时间序列。单位根就是指单位根过程，可以证明序列中存在单位根过程就不平稳，会使回归分析中存在伪回归。平稳性尤其是宽平稳是指序列本身有时不变的稳定的统计性质，如一阶矩和二阶矩。例如一条斜线，在不同位置截取一样长的段，均值是不一样的。所以这样的序列是不平稳的，差分后变成了增量（极限情况下就是斜率），它的统计性质就稳定多了。一个时间序列只有可以被平稳化处理，才能被控制和预测。

132. LLC 检验

LLC 检验有三个选择项：无常数项、有常数项、有常数项和时间趋势项。对于无常数项，一般适用于 $T$ 比根号 $N$ 增加得快（那 $T$ 可能比 $N$ 要增加得慢）的情形；对于有常数项和有常数和时间趋势项，一般适用于 $T$ 比 $N$ 增加得快的情形。又如，对于 HT 检验，无论是否有常数项和时间趋势项，都适用于 $T$ 固定但 $N$ 会趋向于无限大的情形。从关于 $N$ 和 $T$ 的设定上，就知道哪些检验方法适用于宏观实证，哪些适用于微观实证，这里假定的前提是宏观数据 $N$ 一般是固定，但 $T$ 可以变大或者 $T$ 比 $N$ 能以更快速度变大；而微观数据 $N$ 一般可以变大，但 $T$ 变化较慢。

133. 逐步回归法

逐步回归法将变量一个一个引入，每引入一个变量时，要对已选入的变量进行逐个检验。当原引入的变量由于后面变量的引入而变得不再显著时，将其剔除。这个过程反复进行，直到既无显著的变量选入方程，也无不显著自变量从回归方程中剔除为止。

### 134. 多重共线性

多重共线性是指线性回归模型中的自变量之间由于存在高度相关系数而使模型的权重参数估计失真或者难以估计准确性的一种特性，多重是指一个自变量可能与多个其他自变量之间存在相关关系。

如果出现以下情况，可能存在多重共线性：

（1）模型中各对自变量之间显著性相关；

（2）当模型线性关系（F 检验）显著时，几乎所有回归系数的 t 检验不显著；

（3）回归系数的正负号与预期的相反；

（4）方差膨胀因子（VIF）检测，一般认为 VIF 大于 10，则存在严重的多重共线性。

### 135. 拟合优度

拟合优度指回归直线对观测值的拟合程度。度量拟合优度的统计量是可决系数（亦称确定系数）$R$。$R$ 的取值范围是 $[0, 1]$。$R$ 的值越接近 1，说明回归直线对观测值的拟合程度越好；反之，$R$ 的值越接近 0，说明回归直线对观测值的拟合程度越差。

### 136. 方程显著性

方程显著性可用方程的 F 比值（F 比值＝回归平方和÷残差平方和）和复相关系数描述，当 α 等于 0.05 以下，方程的可靠性程度的概率超过 95%。复相关系数 $R$ 接近 1 较好，随着项数的引进多，$R$ 会自动增加，容易形成假象，所以 α 的可靠性比 $R$ 高。

### 137. 变量显著性

变量显著性是以小概率反证法的逻辑推理，判断假设是否成立的统计方法，它首先假设样本对应的总体参数（或分布）与某个已知总体参数（或分布）相同，然后根据统计量的分布规律来分析样本数据，利用样本信息判断是否支持这种假设，并对检验假设做出取舍抉择，做出的结论是概率性的，不是绝对的肯定或否定。

### 138. 方差扩大因子

方差扩大（膨胀）因子法是考察给定的解释变量被方程中其他所有解释变量所解释的程度，以此来判断是否存在多重共线性的一种方法。方程中的每个解释变量都有一个方差扩大（膨胀）因子（Variance Inflation Factor，VIF），它反映的是多重共线性在多大程度上增大估计系数方差的指标。

### 139. OLS 估计

OLS 估计用来做函数拟合或者求函数极值的方法（在回归模型中常用）。适用简洁高，不需要选择步长，也不用迭代求解，最小二乘法是计算解析解。如果样本量很大，用最小二乘法由于需要求一个超级大的逆矩阵，这时就很难或者很慢才能求解解析解了，使用迭代的梯度下降法比较有优势。同时拟合函数需要是线性的。

### 140. T 检验

T 检验主要是为了比较数据样本之间是否具有显著性的差异，或者是否能从样本推论到整体。一般用于定量数据的检测（定类数据采用卡方检验），T 检验的前提条件是假设样本服从或者近似服从正态分布，T 检验是一种参数检验方法（假定总体的分布已知）。

### 141. F 检验

F 检验最常用的别名叫作联合假设检验（Joint Hypotheses Test），此外也称方差比率检验、方差齐性检验。它是一种在零假设（Null Hypothesis，H0）之下，统计值服从 F-分布的检验。其通常是用来分析用了超过一个参数的统计模型，以判断该模型中的全部或一部分参数是否适合用来估计母体。

### 142. 高斯—马尔科夫定理

对于线性回归模型，在某些约束条件下，由最小二乘法得到的估计量（估计子），即线性回归模型的系数，是最优的线性无偏估计子。也就是说高马解决的问题是线性回归模型，他的作用是给出线性模型的系数估计。

### 143. 分析残差图

以残差为纵坐标，以拟合值或对应的数据观测序号或数据观测时间为横坐标的散点图称为残差图，残差图是进行模型诊断的重要工具。通过对残差及残差图的分析，以考察模型假设的合理性的方法，称为残差分析。

### 144. 怀特检验

怀特检验以残差为因变量，观察自变量与残差之间是否存在非线性关系。如果存在，提示可能存在方差不齐。White 检验是较为常用的方差齐性检验的方法之一。

### 145. BP 检验

BP 检验即以残差为因变量，观察自变量与残差之间是否存在线性关系。如果存在，提示可能存在方差不齐。BP 检验是较为常用的方差齐性检验的方法之一。

### 146. BG 检验

BG 检验可以看作是 DW 检验的一种推广，可以检验高阶自相关问题。

### 147. DW 检验

自相关是当期值和往期值有线性关系，可以参看 AR 模型。一般时间序列建模要求残差是独立同分布的白噪声序列，如果残差存在自相关也说明变量的信息没被模型挖空。DW 检验要求解释变量非随机，其他假设均满足只能检验一阶自相关模型中需要含有截距项，且不能存在被解释变量（y）的滞后项。

### 148. 滞后阶数

如果 A 引起 B（A 是 B 的原因）。A 虽然导致 B，但可能不是立即显现出这种因果关系，可能 A 发生后，要隔一段时间才能引起 B 的变化，取决于时间单位，可能是年、月、日。这就是说滞后一期的 A 才可能引起当期的 B。如去年的 A 出现，B 在今年才会出现变化。

### 149. 沉没成本

沉没成本是指以往发生的，但与当前决策无关的费用。从决策的角度看，以往发生的费用只是造成当前状态的某个因素，当前决策所要考虑的是未来可能发生的费用及所带来的收益，而不是以往发生的费用。

### 150. 增值服务

增值服务是根据客户需要，为客户提供的超出常规服务范围的服务，或者采用超出常规的服务方法提供的服务。

### 151. 企业文化

企业文化，也称组织文化，是由一个组织的价值观、信念、仪式、符号、处事方式等组成的其特有的文化形象。

### 152. 情境营销

情境营销是在销售过程中，运用生动形象的语言向顾客描绘使用产品后的美好图像，激起顾客的向往，并有效刺激顾客购买欲望的手段。

### 153. 劣币驱逐良币

劣币驱逐良币是指当一个国家同时流通两种实际价值不同而法定比价不变的货币时，实际价值高的货币被熔化、收藏或输出而退出流通领域，而实际价值低的货币充斥市场的现象。

154. "三包"

"三包"是零售商业企业对所售商品实行"退货、更换、维修"的简称,是商品进入消费领域后,卖方出于对买方所购物品负责而采取的在一定限期内的信用保证办法。

155. 理性行为理论

理性行为理论(Theory of Reasoned Action,TRA)又称理性行动理论,主要用于分析态度如何有意识地影响个体行为,关注基于认知信息的态度形成过程,其假设人是理性的,在做出某一行为前会综合各种信息来考虑自身行为的意义和后果。

156. 样本容量

样本容量是抽样推断中的重要概念,指一个样本中所包含的单位数,一般用 $n$ 表示。样本容量的大小与推断估计的准确性有着直接的联系,即在总体既定的情况下,样本容量越大,其统计估计量的代表性误差就越小,反之,样本容量越小,其估计误差也就越大。

# 附录 2

## 参加及完成与本书有关的科研课题

## 附录2 参加及完成与本书有关的科研课题

［1］教育部产学合作协同育人项目（师资培训项目）："产学研用"模式下高校跨境电商专业群师资培训项目（项目编号：201901226019）。

［2］福建省科技厅自然科学基金项目—面上项目："面向ACP的隐性知识管理复杂系统建模与优化方法研究"（项目编号：2019J01881）。

［3］福建省科技厅自然科学基金项目—面上项目："多网络演化博弈视角下征收碳关税的效应研究"（项目编号：2018J01651）。

［4］福建省教育厅项目（社科）项目："跨境电商消费者的支付方式偏好研究——以海峡两岸为例"（项目编号：JAS150623）。

［5］2018年福建省级精品在线开放课程（培育）《跨境电商操作实务》（项目编号：18SJMK12）。

［6］2018年省级本科教学团队"电子商务创新创业实战实验教学型本科教学团队"（项目编号：18SJTD04）。

［7］福建江夏学院校级一流本科专业（电子商务）（项目编号：24/06201901）。

［8］2021年福州市科技特派员项目支持（项目编号：JXH2022006）。

［9］福建江夏学院电子商务创新发展研究中心（项目编号：21kpxs01）。

# 参考文献

[1] 姚远. 新零售下社交商务特性对消费者购买意愿的影响研究[D]. 哈尔滨：哈尔滨工业大学，2019.

[2] 王微. 新消费为构建新发展格局注入强大动能[J]. 新经济导刊，2020(4)：4-8.

[3] 李曲波. 中国跨境出口电子商务的发展和应用研究[D]. 北京：北京理工大学，2016.

[4] 周凌云，顾为东. 中国流通现代化发展现状、思路及政策建议[J]. 全球化，2014(1)：86-96，125-126.

[5] 吕倩兰. "新零售"对制造商渠道变革的影响机制研究[D]. 郑州：河南财经政法大学，2020.

[6] 黄朕. 新零售模式下进口生鲜农产品消费者购买意愿研究[D]. 南宁：广西大学，2019.

[7] 冯穗成. 新零售背景下体验营销对消费者购买意愿的影响[J]. 商场现代化，2019(18)：8-9.

[8] 王乐. 网购交易成本对消费者购买意愿的影响研究[D]. 上海：东华大学，2014.

[9] 谢沐男. 网络意见领袖对化妆品消费者购买意愿的影响研究[D]. 昆明：云南财经大学，2020.

[10] 吕佳. 新零售背景下消费者对生鲜电商的购买意愿研究[D]. 北京：北京邮电大学，2019.

[11] 杨翠翠. 新零售环境下千禧一代消费者行为影响因素分析——以 Luckin Coffee 为例[D]. 北京：北京外国语大学，2019.

[12] 丁婷婷. 基于情境认知的新零售服务接受模型研究[D]. 杭州：浙江工业大学，2019.

[13] 胡其亮. "90后"网络消费行为实证调查及对策研究[J]. 保定学院学报, 2019, 32(3): 55-61.

[14] 杨丹. 基于社交电商网络的潜在信任关系研究[D]. 北京: 北京邮电大学, 2017.

[15] 姚珍珍. 面向新零售的生鲜连锁经营企业城市配送网络优化研究[D]. 重庆: 重庆大学, 2019.

[16] 于珊珊, 蒋守芬. 基于交易成本的消费者网络购物意愿的实证研究[J]. 经济问题, 2011(9): 52-56.

[17] 卢金荣, 李意. 电子商务平台交易双方信任问题的博弈分析[J]. 西南石油大学学报(社会科学版), 2019, 21(1): 14-20.

[18] 李博. 基于全渠道零售的消费者体验影响因素研究[D]. 沈阳: 沈阳工业大学, 2018.

[19] 张毅霖. 社会化媒体中用户生成品牌内容特性对消费者购买意愿的影响研究[D]. 济南: 山东大学, 2020.

[20] 陈露. 参考价格, 价格公平感知与消费者购买意愿及偏好[D]. 上海: 华东师范大学, 2020.

[21] 江占洋. "新零售"下零售商与消费者间信息传播效果的影响因素研究[D]. 长春: 吉林大学, 2020.

[22] 夏然之. 错过促销情境下消费者的价格不公平感知及其对负向购买意愿的影响[D]. 南京: 东南大学, 2016.

[23] 黄亚美. 新零售背景下Y公司商业模式创新研究[D]. 成都: 电子科技大学, 2019.

[24] 陈欢, 陈澄波. 新零售进化论[M]. 北京: 中信出版社, 2018.

[25] 黄瑞. 新零售消费购买决策意愿——基于TAM模型研究[J]. 武汉商学院学报, 2020, 34(3): 34-39.

[26] 牛恒谦. 电商平台企业布局实体零售的模式、策略研究——以阿里巴巴为例[D]. 杭州: 浙江工商大学, 2020.

[27] 白世贞, 谢爽. 网络购物环境下参考价格对购买意愿影响的研究[J]. 价格月刊, 2017(4): 10-15.

[28] 邹煜璇. "新零售"背景下盒马鲜生增加用户粘性的营销策略研究——基于上瘾模型视角[J]. 商讯, 2020(12): 1-3, 9.

[29] 楚翠翠. 基于价值链视角的"新零售"企业成本控制研究——以三江购物为例[D]. 郑州: 中原工学院, 2019.

[30] 黄敏学. 网络营销[M]. 2版. 武汉：武汉大学出版社，2007.

[31] 邓少灵. 网络营销理论与实践[M]. 北京：人民交通出版社，2006.

[32] 杨坚争，杨立钒. 电子商务基础与应用[M]. 7版. 西安：西安电子科技大学出版社，2017.

[33] 于云华. 当前网络消费现状、存在问题及对策分析[J]. 理论学习，2014（1）：50-53.

[34] 彭奏平. 网络营销[M]. 北京：清华大学出版社，2007.

[35] 李志刚. 浅析网络购物的现状及问题[J]. 财经界，2014（11）：150.

[36] 黄勇. 个人使用网络的技巧与网站提供的挑战对信息型与交易型网站的网上行为的影响研究[D]. 武汉：武汉大学，2004.

[37] 刘培刚. 网络经济学[M]. 上海：华东理工大学出版社，2007.

[38] 孙百鸣. 电子商务概论[M]. 北京：中国农业出版社，2005.

[39] 九红. 哪些因素影响购买动机[J]. 企业导报，2003（3）：40-41.

[40] 高卓楠. 物质情境对消费者在线冲动性购买行为影响的实证分析[D]. 哈尔滨：哈尔滨工业大学，2019.

[41] 唐丹. 基于感知风险理论的网上购物障碍破除机制研究[D]. 长沙：中南林业科技大学，2013.

[42] 罗佳佳. 正面网络口碑对消费者在线冲动购买意愿的影响研究[D]. 昆明：云南财经大学，2019.

[43] 杨辉. 产品因素对网络消费者感知风险的影响研究[D]. 杭州：浙江财经学院，2011.

[44] 程谦明. 互联网顾客服务策略对消费者行为影响研究[D]. 北京：中国地质大学（北京），2016.

[45] 方晓平，张向虹. 物流服务质量对电子商务顾客决策的影响机理研究[J]. 哈尔滨商业大学学报（社会科学版），2018（3）：78-87.

[46] 井淼，王方华. 消费者网上购买行为感知风险研究：基于上海大学生的实证分析[M]. 上海：上海财经大学出版社，2006.

[47] 王先庆，雷韶辉. 新零售环境下人工智能对消费及购物体验的影响研究——基于商业零售变革和人货场体系重构视角[J]. 商业经济研究，2018（17）：5-8.

[48] 刘琴琴，孙岚. 论消费者购买行为中的感知风险的构面研究综述[J]. 科教文汇，2008（11）：223-224.

[49] 魏斐翡. 电子商务物流服务中顾客互动对服务购买意愿的影响研究[D].

武汉：华中科技大学，2013.

[50] 田东，郑小平，张小栓，等. BTC 模式下农产品属性对消费者购买行为的感知风险[J]. 农机化研究，2010(3)：90-93，103.

[51] 田月龙，林红. 电子商务时代的顾客服务策略[J]. 商场现代化，2008(9)：133.

[52] 高琳. 社会化商务中网络口碑对消费者购买意向的影响机理研究[D]. 大连：大连理工大学，2015.

[53] 江占洋. "新零售"下零售商与消费者间信息传播效果的影响因素研究[D]. 长春：吉林大学，2020.

[54] 潘晓波. 在线消费者初步态度矛盾性与口碑信息处理研究[M]. 武汉：武汉大学出版社，2015.

[55] 张劲松，郑攀，周林缝. 消费者对共享出行平台和服务方的信任机制研究[J]. 首都经济贸易大学学报，2020，22(2)：101-112.

[56] 赵云鹏. 城市群经济联系网络影响经济增长的实证研究——以长三角地区126 个核心城市为例[D]. 上海：华东政法大学，2019.

[57] 杨红，张大男. 如何提高客户满意度[J]. 现代企业，2004(4)：48-49.

[58] 丁伶俐. 企业如何提高客户满意度[J]. 市场周刊(理论研究)，2008 (3)：52-53.

[59] 曾勇. 基于客户满意度的 ZEPRO 品牌管理研究[D]. 兰州：兰州大学，2009.

[60] 邱志慧，李骏成. 电商物流时效监控、预警的实现及其意义[J]. 电子商务，2017(1)：9-10.

[61] 张蓬桂. 网购中消费者感知价值、感知风险与购买意愿的关系研究[D]. 南京：南京师范大学，2018.

[62] 肖燕华. 负面在线评论中商家回复策略对消费者购买意向的影响研究[D]. 南京：南京理工大学，2018.

[63] 李晓峰，石建岭. 如何提高客户服务质量[J]. 商场现代化，2008(21)：125.

[64] 谢新洲，田丽，王洪波，等. 网络购物的"生机"与"隐忧"[J]. 光明日报，2010(1)：1-6.

[65] 吴清凌，何冬苑，潘悦星，等. 建立网购产品监管机制的几点建议[J]. 中国纤检，2014(24)：29-31.

[66] 滕宝红. 如何做好客服员[M]. 广州：广东经济出版社，2012.

[67] 顾嘉禾. 新兴网络零售商业[M]. 上海：上海人民出版社，2011.

[68] 刘少平. 浅探网络购物存在的法律问题及其完善[J]. 信息网络安全，2006(5)：36-38.

[69] 刘宇. 新零售典型创新模式分析[J]. 江苏商论，2021(7)：8-11.

[70] 王璐. 论网络经济时代市场营销策略的转变[J]. 商业经济，2021(7)：65-66.

[71] 汪丽华. 基于电商新零售模式的冷链物流发展分析[J]. 商展经济，2021(13)：14-16.

[72] 胡萍. 新零售模式快速扩张[N]. 金融时报，2021-07-12(6).

[73] 朱梦笛. 消费升级驶入"快车道" 新消费亟待规范引导[N]. 江苏经济报，2021-07-10(A2).

[74] 张倩如. 挖掘内生动力，坚决打赢脱贫攻坚战——新零售业态下全渠道营销扶贫研究[J]. 经济师，2021(7)：121-123.

[75] 曾丽红，黄蝶. 是什么在主导网络直播购物意愿——说服理论视域下对直播购物受众购买意愿的影响因素研究[J]. 新闻与写作，2021(7)：50-57.

[76] 翟璇. 绿色理念下智慧零售创新发展路径[J]. 商业经济研究，2021(13)：34-38.

[77] 耿旭蓉，郝志瑞. 新零售数字化转型视域下电商直播营销体系架构[J]. 商业经济研究，2021(13)：79-82.

[78] 康敏娜. 新零售商业模式创新问题研究——基于线上线下融合视角[J]. 商业经济研究，2021(13)：87-89.

[79] 王鹏宇，徐晓敏. 新零售模式下协同库存模型研究[J]. 时代经贸，2021，18(6)：23-28.

[80] 王安逸，向永胜. 新零售模式创新及对传统零售企业转型的启示[J]. 时代经贸，2021，18(6)：32-34.

[81] 吴康惠. 新零售线上线下的结合探究[J]. 商讯，2021(18)：131-133.

[82] 张靖好，王子怡，高璐瑶. 新零售背景下社区团购模式发展策略探索[J]. 商讯，2021(18)：160-161.

[83] 吴雨桐. 基于消费者行为的营销服务体系构建[J]. 商业经济研究，2021(12)：54-57.

[84] 赵婧宏. 新媒体电商的发展现状及趋势探讨[J]. 商业经济研究，2021(12)：75-78.

[85] 张子建. 网络营销创新模式在电子商务中的应用——基于第三方支付平台

[J]．商业经济研究，2021(12)：88-90．

[86] 李晓淼．客户体验视角下电商平台发展物流体系的逻辑与策略[J]．营销界，2021(25)：63-64．

[87] 肖萍．电子商务中的女性消费行为与网络营销策略探讨[J]．中国集体经济，2021(18)：55-56．

[88] 张珣，薛云哲．基于AI的新零售商铺人流密度监测系统设计[J]．软件导刊，2021，20(6)：149-154．

[89] 方凌．大数据背景下网络直播电商营销管理策略研究[J]．现代营销(学苑版)，2021(6)：144-145．

[90] 蔡凝．网络直播营销对消费者购买行为的影响因素研究[J]．现代营销(学苑版)，2021(6)：28-29．

[91] 栾雯娟．新零售时代下购物中心的营销创新策略[J]．商讯，2021(17)：142-144．

[92] 赵琳，郭键．经济恢复时期下大学生网络购物现状调研[J]．商讯，2021(17)：180-181．

[93] 宋欣洋．我国网络购物消费者权益保护法律问题研究[J]．法制博览，2021(17)：164-165．

[94] 李倩舒．网络直播营销下消费者购买决策影响因素分析——基于DEMATEL方法[J]．济南职业学院学报，2021(3)：109-111，115．

[95] 钟云华，白青青，代惠妍，等．新形势下新零售行业的发展[J]．今日财富(中国知识产权)，2021(6)：1-2．

[96] 禹田云，李佩瑾．基于情感分析的网上购物评价体系研究[J]．中国商论，2021(11)：67-70．

[97] 李明会．构建基于客户体验的众包物流服务质量评价指标体系[J]．中国商论，2021(11)：27-29．

[98] 费鸿萍，周成臣．主播类型与品牌态度及购买意愿——基于网络直播购物场景的实验研究[J]．河南师范大学学报(哲学社会科学版)，2021，48(3)：80-89．

[99] 缪顾贤，孙建刚，徐和平．"新零售+直播"背景下羽绒服装品牌数字化营销策略研究[J]．纺织导报，2021(6)：112-115．

[100] 王硕亦，严薇，江晓佳，等．新媒体下的购物环境研究——以网店装修为例[J]．轻工科技，2021，37(6)：113-114．

[101] 雷新强，郑跃，纪曼．基于物场分析的网络营销信息传播研究[J]．红河

学院学报, 2021, 19(3): 98-100.

[102] 俞华, 刘甜甜. 我国直播电商发展现状[J]. 中国国情国力, 2021(6): 33-40.

[103] 高荣明, 王稼才. 新零售环境下智慧供应链协同运作机制研究[J]. 绥化学院学报, 2021, 41(6): 26-28.

[104] 丁佩佩. 直播电商模式下的消费心理研究[J]. 上海商业, 2021(5): 30-31.

[105] 夏文. 我国直播电商行业的市场现状和趋势[J]. 中国经贸导刊(中), 2021(5): 51-53.

[106] 高海涛, 段京池. 中国出版企业的网络直播营销: 现状、问题与对策——基于淘宝直播的实证分析[J]. 中国编辑, 2021(5): 54-57, 61.

[107] 刘玥. 网络购物消费者权益的法律保护策略分析[J]. 法制博览, 2021(13): 171-172.

[108] 续立冬. 基于大数据环境下网络媒体广告精准营销分析[J]. 市场周刊, 2021, 34(5): 87-89.

[109] 张继海, 臧旭恒, 朱翠烜. 网络购物对线下消费及居民家庭总支出的影响——基于中国家庭金融调查2017数据的实证分析[J]. 社会科学研究, 2021(3): 59-66.

[110] 吴春芬. 国际贸易新方式: 跨境电商[J]. 营销界, 2021(18): 5-6.

[111] 孙英庆. 基于大数据的网络营销策略探析[J]. 现代商业, 2021(12): 32-34.

[112] 熊舸. 网络口碑对服装消费者的影响[J]. 轻纺工业与技术, 2021, 50(4): 86-87.

[113] 张晓雯. 互联网加持下的网络直播带货现状分析[J]. 西部广播电视, 2021, 42(8): 41-43.

[114] 郭靖超. 我国网络消费者权益保护法律问题研究[J]. 法制博览, 2021(12): 19-20.

[115] 栾绍涛. 网络经济时代市场营销策略分析[J]. 中国市场, 2021(12): 137-138.

[116] 霍海龙. 新时代背景下面向消费者的营销服务探索[J]. 中国产经, 2021(8): 31-32.

[117] 熊奇. 基于新经济时代背景下企业市场营销新方式[J]. 营销界, 2021(16): 7-8.

[118] 石云霞，马春浩，鲍新新. 直播购物消费者冲动性购买意愿影响机制研究[J]. 山东工商学院学报，2021，35(2)：60-69.

[119] 芮媛媛，焦强强，张皓，等. 人群网络购物成瘾影响因素分析及其防控措施[J]. 办公自动化，2021，26(8)：9-13.

[120] 丁倩，张曼曼，张永欣，等. 自恋与网络强迫性购买：一个序列中介模型[J]. 中国临床心理学杂志，2021，29(2)：333-337.

[121] 廖文虎. 网络直播购物特征对消费者不信任的影响研究[J]. 中国物价，2021(4)：109-112.

[122] 王雪娇. 网络直播社群文化重构中国屏幕经济探究[J]. 西部广播电视，2021，42(7)：4-6.

[123] 陈传红，李雪燕. 网络购物节促销策略对消费者参与意愿影响及个人特征的调节作用[J]. 管理评论，2021，33(3)：159-169.

[124] 景丽娟. 基于网络购物的新消费影响分析[J]. 商场现代化，2021(6)：6-8.

[125] 李慢，张跃先. 网络服务场景对顾客契合的作用机理：一个非递归模型[J]. 财贸研究，2021，32(3)：98-109.

[126] 田静怡. 网络购物合同纠纷管辖权的问题与建议探讨[J]. 法制博览，2021(8)：14-17.

[127] 郭畅. 大学生网络消费安全支付的问题及解决路径[J]. 商场现代化，2021(5)：46-48.

[128] 朱逸，尹卫华. 网络直播购物情境下的拟剧化营销——基于抖音直播平台的分析与诠释[J]. 上海对外经贸大学学报，2021，28(2)：114-124.

[129] 李鹏程，孔磊. 直播购物情境下消费心理研究[J]. 现代商业，2021(7)：57-59.

[130] 陈斌. 网络购物中消费者权益保护法律问题研究[J]. 法制与社会，2021(7)：35-36.

[131] 于宏杨. 浅谈互联网背景下的消费者购物行为与心理动机[J]. 现代营销（下旬刊），2021(2)：68-69.

[132] 蒋瑾，唐梦，涂颖莹，等. 大学生网络消费心理及其影响因素的实证研究[J]. 牡丹江师范学院学报(社会科学版)，2021(1)：97-104.

[133] 徐淑双，潘甜甜，唐羚，等. 消费者购物模式选择调查报告——基于线下和线上购物[J]. 中国市场，2021(6)：118-119.

[134] 刘上航. 关于网购中的消费者权益保护问题研究[J]. 法制与社会，2021

(5): 60-61.

[135] 郭艳. 退货运费险对消费者网购意愿的影响研究[J]. 投资与创业, 2021, 32(3): 148-150.

[136] 石胜贵, 梁鑫. 顾客网络购物满意度分析[J]. 物流科技, 2021, 44(2): 53-55.

[137] 卓仕钊. 论我国网络购物消费者权益的法律保护[J]. 大众标准化, 2021(3): 79-81.

[138] 冯雅静. 网络直播购物平台消费者购买意愿研究[J]. 老字号品牌营销, 2021(2): 75-76.

[139] 石芬琴, 王玉庆, 丛佳乐, 等. 网络购物纠纷中电子证据的维权思考[J]. 经济师, 2021(2): 55-56, 58.

[140] 张俊利. 网购环境下消费者冲动性购买的影响因素分析[J]. 中国管理信息化, 2021, 24(3): 75-76.

[141] 陈可旺. 在线促销方式对消费者购买意愿的影响研究[J]. 市场周刊, 2021, 34(2): 82-85.

[142] 蔡丹丰, 卢尧. 数字经济背景下社会拥挤影响移动端购买决策研究[J]. 电子商务, 2020(12): 27-28.

[143] 邵继红, 陈满. 消费者网络购买意愿的影响因素分析——一个有调节的中介模型[J]. 湖北工业大学学报, 2020, 35(6): 54-59, 70.

[144] 陶轶, 姚琨, 申程. 基于端到端服务质量管理体系的客户感知提升系统[J]. 信息通信技术与政策, 2020(12): 58-63.

[145] 陈佩梓. "双十一"购物节的作用及影响因素的思考[J]. 营销界, 2020(50): 21-22.

[146] 王德, 田金玲, 谭文垦. 基于网络购物行为偏好的上海市居民购物方式演替研究[J]. 同济大学学报(自然科学版), 2020, 48(11): 1 552-1 561.

[147] 许婷. 基于网购消费的退货运费险反骗保问题探究[J]. 中国保险, 2020(11): 56-59.

[148] 胡越垒, 武曼, 李云, 等. 当代大学生超前消费行为影响因素调查分析——以湖北省大学生为例[J]. 营销界, 2020(46): 25-26.

[149] 苏鹏飞. 浅析消费者网络购买行为的影响因素[J]. 营销界, 2020(46): 31-32.

[150] 张卓, 赵国全. 关于客户满意率有关内容的分析和建议[J]. 品牌与标准化, 2020(4): 95-96.

[151] 姚建如. 大数据对客户关系管理的功能探究[J]. 市场研究, 2020(6): 72-73.

[152] 温明超. 从服务质量看客户界面对顾客忠诚度的价值[J]. 现代管理科学, 2019(12): 84-86.

[153] 陈然. 新消费时代下新消费观念对消费行为的研究[D]. 武汉: 湖北工业大学, 2019.

[154] 王丽, 郭洋, 武秋阳, 等. 基于大数据的客户服务信息化改革[J]. 中国新通信, 2019, 21(6): 109.

[155] 李晓楠. 网络营销环境下客户关系管理的对策分析[J]. 武汉冶金管理干部学院学报, 2019, 29(1): 18-20.

[156] 陈宗勉, 赵晨. 建立客户服务质量提升机制降低客户投诉量探析[J]. 管理观察, 2019(6): 21-22.

[157] 黄飞, 黄健柏. 基于畅体验的网络消费偏好影响因素研究[J]. 管理学报, 2014, 11(5): 733-739.

[158] 陈娟, 邓胜利. 社会化问答平台用户体验影响因素实证分析——以知乎为例[J]. 图书情报工作, 2015, 59(24): 102-108.

[159] 曹园园, 张建同, 潘永刚. 电子商务顾客体验评价指标体系研究[J]. 统计与决策, 2014(3): 73-75.

[160] 郭红丽, 王晶. 基于TAM模型的B2C客户体验模型研究[J]. 科技管理研究, 2013, 33(19): 184-188, 196.

[161] 林闯, 胡杰, 孔祥震. 用户体验质量(QoE)的模型与评价方法综述[J]. 计算机学报, 2012, 35(1): 1-15.

# 致 谢

在本书的出版过程中，得到了很多单位、机构和个人的支持与帮助，在此一并表示感谢。

首先，感谢教育部产学合作协同育人项目（师资培训项目）："产学研用"模式下高校跨境电商专业群师资培训项目（项目编号：201901226019），2020年福建省省级一流课程"跨境电商操作实务"（省级五大金课之一）和2020年省级继续教育网络课程基金给予本书的支持。

其次，感谢2018年省级本科教学团队"电子商务创新创业实战实验教学型本科教学团队"（项目编号：18SJTD04）和福建江夏学院校级一流本科专业——电子商务的大力支持和无私指导，作者在福建福州调查研究期间，与团队成员一起付出了艰辛的努力。同时感谢我的福州市科技特派员企业——福建领跑者商贸有限公司提供的数据和场地支持。

特别感谢我在东南大学的博士生导师何勇教授。恩师知识渊博，治学严谨，品德高尚。衷心感谢恩师对我的信任，为我著作的完成提出很多宝贵的建议，为本书的出版打下扎实的基础。

尤其感谢我的爱人林淘沙女士，她理解、体贴、关心和支持我的工作，承担了大部分家里家外的活动，使我有充裕的时间安心从事本书的写作。

最后，感谢北京理工大学出版社福建信息中心的主任刘善清和专业编辑向小兰、吴淑娟在本书出版过程中给予的支持，没有他们富有成效的工作，本书不可能顺利出版。

路漫漫其修远兮，吾将上下而求索！本书的完成是我四十载人生的重要节点。今后，在学术道路上我要继续钻研与突破，回报所有培养、关心和帮助过我的人！